JN097098

新約聖書概説

原口尚彰

教文館

はじめに

　本書は神学生や牧師を対象に，新約聖書と新約聖書学への全体的展望を与えるために書かれた入門書である．新約聖書をより良く理解するための導入として，新約聖書の内容の概観，時代史的背景（政治史，文化史），福音書研究法の解説をした後，新約各書の成立年代・場所と文学的・神学的特色についての基礎的知識を与える．新約緒論は新約釈義と新約神学を学ぶ基礎を形成する基礎的学問である．著者は，新約釈義と新約神学についてもそれぞれ概説書を著す計画を持っているので，本書は新約聖書学入門3部作の第1巻ということになる．

　現代の聖書学は非常に専門分化しており，一人で新約聖書学全体をカバーして，新約聖書緒論を書くことは難しくなったと言われる．新約聖書緒論が，新約諸部門の専門家達による共著の形をとることもある．共著の道を選択する場合は，個々の項目についてそれを専門にする研究者が詳しい説明を加えることが可能になるメリットがある反面，全体としてのまとまりに欠ける欠点がある．私は共著の意義を十分に認めるが，一人の著者が新約聖書全体について一貫した視点から分析を加え，一定のまとまった解釈を提示することも大切であると考える．

　本書は入門的な書物であり，執筆に際しては，予備知識のない読者にも理解出来るように心がけた．しかし，その内容は現代の聖書学動向を十分踏まえたものになるように努力した．特に，従来の新約緒論では十分に説明されて来なかった，物語批評や，修辞学的批評や，古代書簡理論に基づいた書簡論的考察についても，解説を試みたことは，本書の特色の一つである．また，本書の記述に触発されて学習を深めようとする人達のために，各節毎に参考文献を挙げたが，初学者を対象としているために，日本語で読める文献を中心にし，外国語文献は必要最小限に止めた．

目　次

装幀　熊谷博人

参考文献

（1）新約聖書緒論

荒井献他『総説新約聖書』日本基督教団出版局，1981年．

大貫隆・山内眞監修『新版総説新約聖書』日本基督教団出版局，2003年．

土戸清『現代新約聖書入門』日本基督教団出版局，1979年

G・タイセン（大貫隆訳）『新約聖書　歴史・文学・宗教』教文館，2003年．

W・マルクスセン（渡辺康麿訳）『新約聖書緒論』教文館，1981年．

ヘルムート・ケスター（永田竹司・井上大衛訳）『新しい新約聖書概説』全2巻，新地書房，1989‐1990年．

E・シュヴァイツァー（小原克博訳）『新約聖書への神学的入門』日本基督教団出版局，1999年．

笠原義久『新約聖書入門』新教出版社，2000年．

Kümmel, W. G. *Einleitung in das Neue Testament*. 21. Aufl. Heidelberg：Quelle und Meyer, 1983.

Vielhauer, P. *Geschichte der urchristlichen Literatur*. Berlin：de Gruyter, 1975.

Strecker, G. *Literaturgeschichte des Neuen Testaments*. Göttingen：Vandenhoeck & Ruprecht, 1992.

Schnelle, U. *Einleitung in das Neue Testament*. 4. neubearbeitete Auflage. Götingen：Vandenhoeck & Ruprecht, 2002.

Niebuhr, K.‐W.（Hg.）. *Grundinformation：Neues Testament*. Göttingen：Vandenhoeck & Ruprecht, 2000.

Collins, R. F. *Introduction to the New Testament*. New York：Doubleday, 1983.

Brown, R. E. *Introduction to the New Testament*. New York：Doubleday, 1997.

Achtemeier, P. J./J. B. Green/ M. E. Thompson. *Introducing the New Testament：its Literature and Theology*. Grand Rapids：Eerdmans, 2001.

（2）辞典・聖書講座

木田献一・荒井献監修『現代聖書講座』全3巻，日本基督教団出版局，1996年．

馬場嘉市編『新聖書大辞典』キリスト新聞社，1971年．

荒井献・石田友雄編『旧約・新約聖書大事典』，教文館，1989年．

荒井献・H・J・マルクス監修『ギリシア語新約聖書釈義辞典』全3巻，教文館，1993‐95年．

Buttrick, G. A. *The Interpreter's Dictionary of the Bible*. 4 vols. Nashville：Abingdon, 1962. Supplement Volume, 1973.

Freedman, D. F. *The Anchor Bible Dictionary*. 6 vols, New York：Doubleday, 1992.

Kittel, G.（Hg.）*Theologisches Wörterbuch zum Neuen Testament.* 10 Bände； Neukirchen‐Vluyn：Neukirchener Verlag, 1933‐1979（*Theological Dictionary of the New Testament*. 10 vols. trans. G. W. Bromiley, Grand Rapids：Eerdmans, 1964）.

凡　例

1．本書は新約聖書のギリシア語本文の底本として，K. Aland／B. Aland, *Novum Testamentum*（27. revidierte Aufl.；Stuttgart：Deutsche Bibelgesellschaft, 1993）を用いている．旧約聖書のヘブライ語本文の底本としては，K. Elliger／W. Rudolph, *Biblia Hebraica Stuttgartensia.*（Stuttgart：Deutsche Bibelgesellschaft, 1967‐77）を，七十人訳本文の底本としては，A. Rahlfs, *Septuaginta*（editio minor, duo volumina in uno；Stuttgart：Deutsche Bibelgesellschaft, 1935）を用いている．本書中に言及される聖書翻訳は，特段に断らない限り，著者の私訳である．

2．使徒教父文書の底本としては，J. A. Fischer, *Schriften des Urchristentums*（4 Bde；Darmstadt：Wissenschaftliche Buchgesellschaft, 1964‐98）を用いたが，A. Lindemann／H. Paulsen, *Die Apostolischen Väter*（Tübingen：Mohr, 1992）も参照した．

3．本書中の旧約・新約諸文書，外典・偽典，使徒教父文書の略記法は，基本的には荒井献・H・J・マルクス監修『ギリシア語新約聖書釈義事典（Ⅰ）』教文館，1993年，6‐7頁に準拠した．

第1章　新約聖書概観と時代的背景

第1節　新約聖書概観

1．新約聖書に含まれる文書

新約聖書は一度に出来上がったのではなく，新約聖書に含まれる文書はそれぞれ異なった背景の下に別々の著者によって別々の時期に書かれた．初代教会において信仰と生活にとって規範的な意義を持つ「聖書」とは，旧約聖書のことであり，新約聖書に含まれるキリスト教文書が，旧約聖書と並ぶ権威を持つようになったのは，紀元1世紀から4世紀の新約聖書の正典化のプロセスを経た後のことである．

新約聖書には様々なジャンルの文書が含まれているが，イエス・キリストへの信仰を様々な人々が，様々な状況の中で，様々な文学的表現手段を用いて表現したという一点はすべてに共通している．そこで新約聖書諸文書を学ぶ際には，個々の文書固有の問題と新約聖書全体に共通な問題の両方を考察しなければならない．

a．福音書（イエス・キリストの伝記）：マタイ，マルコ，ルカ，ヨハネ

最も短いマルコ福音書が最古の福音書であり（紀元70年頃），そもそも，イエスの生涯とその教えを物語の形で表現する福音書（Evangelium; Gospel;「福音書＝良い知らせの書」）という文学形式は，この書によって成立した．マルコ福音書によれば，ガリラヤの町ナザレ出身のイエスは，ある時に故郷を出て，ヨルダン川で洗礼活動を行う洗礼者ヨハネの下へ赴いて洗礼を受けた（マコ1：2‐11）．洗礼者がガリラヤの領主ヘロデ・アンティパスによって捕らえられた後，イエスはガリラヤへ戻って，町や村を巡回しながら，「時は満ち，神の国は近づいた．悔い改めて福音を信じなさい」という言葉に要約される神の国の教えを宣べ伝えた（マコ1：14‐15；1：35‐39）．イエスの下には教えと癒しを求めて，多くの民衆が集まる一方で（1：29‐39；3：7‐12；4：1,21），律法学者やファリサイ派らのユダヤ教の指導者たちは，イエスに対して

教理上の問題で対立し，敵対的な傾向を強める（2：1‐12, 13‐17, 18‐22, 23‐28；3：1‐6）．物語の中間部に記されている，弟子のペトロがイエスに対して「あなたはキリストです」と告白する，ペトロの告白の出来事や（マコ8：27‐30）山上の変貌の出来事（9：2‐13）の後，イエスとその一行はエルサレムへ向かう旅に赴く（10：32‐52）．エルサレムへ入城したイエスのその一行は，群衆の歓呼の声に迎えられるが（11：1‐11），祭司長たちやサドカイ派ら宗教指導者たちとは論争を繰り返し，対立を深めていった（11：27‐12：40）．過越の祭りの日の夜，過越の食事を終えてゲッセマネの園で休んでいたイエスは，大祭司によって派遣された警吏たちによって，とうとう逮捕されてしまった（マコ14：43‐50）．大祭司は最高法院においてイエスを審問し，神を冒瀆した罪につき死に値するとした（マコ14：53‐64）．次に，イエスはローマ総督の下で裁判を受け，ローマの反逆罪について有罪とされ，総督配下の兵士達によって十字架刑を執行された（15：1‐41）．しかし，イエスは処刑から三日目に甦り，弟子達はガリラヤへ行って復活の主に会うように，天使の言葉によって促される（16：1‐8）．

　マルコ，マタイ，ルカの三つの福音書は，相互に共通性が高いので共観福音書（Synoptic Gospels）と呼ばれる．マタイ福音書とルカ福音書は，マルコ福音書の物語の大枠を継承したが，さらにイエスの生涯と言葉についての他の資料を加え，より長大で伝記としての完成度が高い作品を作り上げた（80‐90年頃）．例えば，両福音書は，イエスの誕生物語（マタ1：18‐2：12；ルカ1：5‐2：21）と幼少物語（マタ2：13‐23；ルカ2：22‐52）を冒頭に配している．物語の末尾では，キリストの復活顕現の物語が拡充されて，復活の主が弟子達に世界に出て行って，イエス・キリストの福音を伝える使命を与えたことが，強調されている（マタ28：16‐20；ルカ24：44‐49）．マタイ福音書は，山上の説教に代表されるイエスの教えの言葉を多く集め（マタ5：1‐7：28），教師イエスの側面を強調している．ルカ福音書は，イエスが世界の救い主であることを強調し，生涯の言葉と業を通して，イスラエルの救いを成就し，弟子達の証人としての活動によって，罪の赦しの福音がエルサレムに始まって，世界の果てにまで及ぶことを宣言する（ルカ24：44‐49）．

　ヨハネ福音書は，他の三つの福音書とは，筋立ても表現法も全く異なっているが，イエスの生涯の物語を通してイエス・キリストの福音の出来事の意味を

読者に伝えようとする点では共観福音書と軌を一にしている．この福音書は，世界の創造に先立って神と共にあった神の子イエスが人となり，地上での言葉と業を通して神を顕したと述べる（ヨハネ1：1‐18）．この物語の前半において（1：19‐12：50），人々は神の子イエスを信じるかどうかを繰り返し問われ，信じる者は神の子として新たに生まれ（1：12‐13；3：1‐15），永遠のいのちを受けるが（3：15, 16, 36；5：24‐26），信じない者は既に裁きを自分の身に招来しているとされる（3：18）．物語の後半では，地上の活動を終えたイエスが天の父なる神の下へ帰還するテーマが中心になる．イエスは最後の晩餐において，地上に残されていく弟子達に対して別れの説教をし（13：1‐16：33），彼らのために祈りをする（17：1‐26）．イエスの逮捕，裁判，十字架刑の執行，三日目の甦りのところは，共観福音書とほぼ並行しているが，特に自らの運命を引き受け決然と歩む神の子キリストの姿が強調されている（18：1‐20：29）．

　　b．歴史書：使徒言行録
　新約聖書に含まれる歴史書は使徒言行録だけであり，この書物は，ルカ福音書に続く第2巻として同一著者によって書かれている（ルカ1：1‐4；使1：1‐2）．この書は，イエス・キリストの生涯と教えを述べた第1巻を承けて，イエス・キリストの弟子たちが全世界に出て行って行った宣教活動を記し，キリストの福音がエルサレムから始まって地中海世界に広がり，当時の世界の中心であったローマへ至る歴史を描いている．

　　c．書簡：パウロの名を冠した書簡（ロマ書，I, IIコリント書，ガラテヤ書，フィリピ書，エフェソ書，コロサイ書他），他の書簡（I, IIペトロ書，ヤコブ書，ユダ書，I, II, IIIヨハネ書）
　初代教会の指導者たちは，教理上，信仰生活上の様々な問題について，教会に対して手紙を書いて勧めをした．これが後に広い範囲で回覧されるようになり，次第に信仰の規範として権威を認められるようになり，正典に取り入れられた．これらの新約書簡は，パウロの名を冠したパウロ書簡（ロマ書，I, IIコリント書，ガラテヤ書，フィリピ書，エフェソ書，コロサイ書他）と，他の指導者たちの名を冠した書簡（I, IIペトロ書，ヤコブ書，ユダ書，I, II, IIIヨハ

ネ書）とに大別される．それぞれが異なった著者によって，異なった時期に異なった場所での問題を念頭に書かれているので，内容は非常に多様で豊かである．特に，パウロ書簡に書かれている，人が神の前に義とされ救われるのは，律法の業によらず，ただキリストを信じる信仰によるのであるという信仰義認の思想は，後のキリスト教会の神学思想の形成に大きな貢献をした中心思想である（ロマ3：21‐31；ガラ2：16‐21；フィリ3：9）．

d．説教：ヘブライ書

　ヘブライ書は外的迫害と信仰の内的弛緩という二重の問題の中にある信徒たちを叱咤激励する一連の説教を集めた文書である．特に，地上の苦難を通して一回限りの犠牲を捧げたキリストが（ヘブ2：1‐18；9：15‐18），天の聖所にあって罪人を神の前にとりなしているという大祭司キリスト論が展開されている（3：1‐4：13；4：14‐5：10；6：14‐7：28）．また，11章では救いの希望の中に生きた過去の証人達の信仰が強調されている（11：1‐40）．

e．黙示文学：黙示録

　救済者による世の終わりについての教説を，様々な特異な視覚的イメージを通して描くのが黙示文学という文学様式である．このタイプの文学はユダヤ教文書（ダニエル書，IVエズラ書，Iエノク書）に成立し，キリスト教文書である黙示録に継承されたものである．黙示録では，冒頭に七つの教会へ宛てた書簡が置かれ（黙1：4‐3：22），その後に黙示の内容が続いている（黙4：1‐22：17）．

　黙示の内容は，天上の宮廷における礼拝（黙4：1‐11），七人の天使による七つの巻物の封印の解除（5：1‐8：5），七つのラッパの吹奏（8：6‐11：19），天から落ちた竜（12：1‐13：18），神の小羊であるキリストによる救い（14：1‐15：8），大バビロンに仮託されるローマへの裁き（16：1‐18：24），天上で捧げられる勝利の歌（19：1‐20：15），新天新地の創造（21：1‐22：5）である．黙示録は，世界の再創造と究極的救いのイメージを描いて，聖書全巻の結びとなっている．

<＜参考文献＞

木田献一他『聖書の世界「旧約・新約・外典・偽典」ダイジェスト』（全訂新版）自由国民社，2001年．

S・ヘルマン／W・クライバー（泉治典・山本尚子訳）『聖書ガイドブック』教文館，2000年．

荒井献編『新約聖書正典の成立』日本基督教団出版局，1988年．

田川建三『書物としての聖書』勁草書房，1997年．

第2節　新約聖書の時代的背景（新約時代史）

　新約聖書の背景になっている時代は世界史的な分類で言うと帝政ローマ期であり，地中海世界全体がローマ帝国の支配下に置かれていた時代である．ユダヤは紀元前63年以降属州シリアの一部に編入され，ローマ帝国の支配下に服した．ユダヤは紀元6年に属州シリアから分かれて属州ユダヤとなり，海沿いの町カイサリアに駐留するローマ総督の支配下に服した（イエスがローマ総督ピラトの裁判に服した背景）．当時の支配系統は，ローマ総督⇒分邦領主（ヘロデ王朝）⇒ユダヤ民族となる．この時代のユダヤの歴史を知るための主要な史料は，ユダヤ人の歴史家フラウィウス・ヨセフスの『ユダヤ古代誌』，『ユダヤ戦記』である．

　当時の世界の支配的文化はギリシア・ローマ文化であり，ユダヤでも紀元前4世紀以来，都市の貴族階級を中心にヘレニズム化が進んでいた（言語，教育，文化，宗教，政治制度，建築）．ローマは自らの支配に反抗する政治犯に対しては苛酷な弾圧を加えたが，宗教政策については比較的寛容であり，ユダヤ人たちが彼らの先祖伝来の宗教を実践することを認めた．ユダヤの宗教の事柄についてはユダヤ人たちにある程度の自治が認められ，大祭司を中心とする最高法院（サンヘドリン）が管轄権を持っていた（イエスが大祭司カイアファが主宰する最高法院の裁判にかけられた背景）．

　宗教的な視点から言うと，当時のユダヤでは旧約以来の神殿祭儀（エルサレム神殿の祭司たちが司る祭儀，特に重要なのは過越の祭り，仮庵の祭り，五旬節［レビ記23章を参照］）と安息日毎に（創2：1 - 4; 出20：8 - 11）シナゴーグ

において行われる礼拝であり（レビ23：3「聖なる集会」），後者は祭司ではなく会堂司たちによって指導された．聖書朗読と講解，祈りと讃美からなるシナゴーグ礼拝は，後のキリスト教の礼拝の原型をなしている（イエスも度々シナゴーグでの礼拝に参加している）．

　当時のユダヤ教の中心はトーラーと呼ばれる律法（特に安息日規定，割礼，清浄の規定）を厳格に守ることに重点があった（律法には旧約聖書の規定［書かれた律法］と口伝の規定［書かれない律法］とがある．後者は後に法典化されミシュナ，タルムードとなる）．当時のユダヤ教の厳格な一派であるファリサイ派や，律法の解釈と適用を専門とする律法学者たちは，状況によっては安息日律法や清浄の規定を破るイエスの自由な振る舞いに躓き，彼らとイエスの間に緊張が高まった（福音書に沢山出て来る論争物語を参照）．

　神によって立てられた者だけを王とするユダヤ民族の伝統（サム下7章）に加え，二重の税（伝統的神殿税とローマが課した人頭税，間接税）による民衆の経済的困窮・債務奴隷化のために，ローマの支配に反対する反乱がユダヤでは度々起こったが，ローマの軍事力によってすべて鎮圧された（ガリラヤのユダの乱，チウダの乱，ユダヤ戦争）．しかし，民衆の間にはローマの支配を打ち倒してユダヤの国を再興するメシア（救世主）待望が根強く存在した．

　紀元30年にイエスによって始められた宣教活動は，神の国の到来を告げて，イスラエルの人々に回心を迫る宗教運動であったが（マコ1：14-15），人々はこのイエスに外敵の支配をうち倒してユダヤの国を復興するメシアの期待を寄せた（ルカ1：68-79；24：21）．支配者であるローマは，イエスをローマの支配に反抗するメシア僭称者として十字架刑に処した（十字架刑はローマが政治犯に対して科した極刑）．

　しかし，イエスの死後，弟子達の間に主が三日目に甦ったという復活信仰を基盤に，キリスト教会が成立し，ユダヤから始まって周辺世界に及ぶ，宣教活動が開始された（ルカ24：47-49；使2：1-42）．最初のキリスト教会はイエスの直弟子たちを中心にしたユダヤ人信徒によって構成されていた（使2：1-47；さらに，ガラ2：1-10も参照）．その指導者は，ペトロ，ヨハネ，主の兄弟ヤコブであった（使15：7-18；ガラ1：18-19；2：6-9）．

　エルサレムの教会にはヘレニストと呼ばれる，ギリシア語を使用するユダヤ人信徒の一団がいた（使6：1）．彼らはディアスポラの地から巡礼のためにエ

ルサレムへ上って来ていた時に，ペトロらの説教を聞いて回心した人々であっ
た（使2：5‐11, 37‐40）．彼らは普段はギリシア・ローマ世界の都市に生活し
ていたユダヤ人であり，ユダヤの神殿や律法の祭儀規定に対して批判的であっ
た（使7：1‐33を参照）．そのため，彼らは神聖な神殿と律法を冒瀆する者と
して，ユダヤ人指導者たちの怒りを買い，迫害を受けた（使7：54‐60；8：
1‐3）．ヘレニストたちはエルサレムに留まることが出来なくなり，サマリ
ヤ，フェニキア，シリアへと散らされて行き，その先々でキリスト教を宣べ伝
えた（使8：4‐25；11：19‐24）．特に，シリアの首都アンティオキアでは，
ユダヤ人という民族の枠を越えて，異邦人たちに福音を宣べ伝え，異邦人の信
徒が生まれた（使11：20‐24）．異邦人信徒にユダヤ教の律法を守らせるべき
かどうかということに関して，初代教会の指導者たちの間には意見の相違があ
った．特にアンティオキアでは，異邦人信徒にユダヤの律法を守らせる必要は
ないとする意見と，守らせるべきであるという意見が対立し，あい拮抗した．
そこで，アンティオキア教会は，当時はまだ本山的位置を保っていたエルサレ
ムの教会に代表を派遣して裁可を仰いだ．これは紀元48年頃の出来事と推定さ
れている．エルサレムでも，アンティオキアと同様な激論が交わされたが，最
後に最高指導者の一人である主の兄弟ヤコブが立って裁可を下し，異邦人信徒
に律法を守らせる必要はないとして，アンティオキア教会が宣べ伝えていた律
法の遵守を含まない福音の正統性を承認した（使15：7‐18；ガラ1：18‐19；
2：6‐9）．このことは，キリスト教が民族宗教であるユダヤ教の枠を越えて，
独立した世界宗教となって行く重要な一歩であった．この後，ユダヤ人に対す
る宣教はあまり進展しない一方で，むしろ異邦人に対する宣教は進展し，異邦
人教会の方が次第に優勢になっていく．初代教会において異邦人に対する福音
宣教に終生従事し，その神学的基礎付けを行ったのが，使徒パウロであり，信
仰義認論に代表されるパウロの神学的努力は，キリスト教をユダヤ教の分派の
位置から思想面で解放し，キリストの福音の真理を確立したのだった．

　他方，紀元66‐70年に起こった第1次ユダヤ戦争は，以後のユダヤ教とユダ
ヤ人社会の歩みに決定的な影響を与えた．これは，熱心党と呼ばれる宗教的熱
意と愛国的熱狂に燃えるグループに動かされてパレスチナのユダヤ人社会全体
が反ローマの武装蜂起に立ち上がった事件であった．5年にわたる戦闘の結
果，初めはウェスパシアヌス，後にはその息子のテトスに率いられたローマ軍

15

が勝利した．特に，70年にはエルサレムが陥落し，町は神殿もろとも完全に破壊された．この時に，ユダヤ教の宗派の中で，サドカイ派や，エッセネ派や，熱心党は姿を消し，ファリサイ派だけが残った．この事件以後，ユダヤ社会を復興させ，ユダヤ教の伝統を守る原動力となったのは，ヤムニアに最高法院を設置したファリサイ派の末裔たちであった．彼らは旧約聖書とユダヤ教の様々な口伝の伝承を集成し，以後のユダヤ教の基礎を定めた．これがラビ・ユダヤ教であり，当時の正統ユダヤ教の位置を占めた．彼らが集成したユダヤの口伝の律法は，数世紀後にミシュナやタルムードとして文書化され，以後のユダヤ教の基本的教典となって行った．ラビ・ユダヤ教は，ユダヤ教の伝統を再編して行く段階で，彼らの正統的律法解釈と異なるユダヤ教のグループを異端として断罪し，追放した．この過程で，当初はユダヤ教内の革新運動として始まった初期キリスト教も異端視され，シナゴーグの交わりから追放され，ユダヤ教徒とキリスト教徒が完全に分離され，それぞれが独自の道を歩むこととなった．

略年表

B.C.63　ローマ帝国によるユダヤ併合（属州シリア）

37　ヘロデ王国

A.D. 4　ヘロデの死と王国の3分割（ユダヤ・サマリア，ガリラヤ・ペレア，トランス・ヨルダン）ユダヤの人口調査（総督クゥィリニウス）．ガリラヤとユダで反乱勃発.

30-33　ナザレのイエスの宣教活動と処刑

33　パウロの回心・召命

66-73　ユダヤ戦争

＜参考文献＞

秀村欣二・蛭沼寿雄他訳編『原典新約時代史』山本書店，1976年.
荒井献他『総説新約聖書』日本基督教団出版局，1981年，15-39頁.
山我哲雄・佐藤研『旧約新約聖書時代史』教文館，1991年.
山我哲雄『聖書時代史　旧約篇』岩波書店，2003年.
佐藤研『聖書時代史　新約篇』岩波書店，2003年.

土岐健治『初期ユダヤ教と聖書』日本基督教団出版局，1994年.

E・ローゼ（加山宏路・加山久夫訳）『新約聖書の周辺世界』日本基督教団出版
　局，1965年.

第 2 章　新約聖書研究法

第 1 節　共観福音書問題と二文書資料説

　共観福音書問題とは，マタイ福音書とマルコ福音書とルカ福音書が，物語の全体構造や収録記事について大筋で一致しているが，子細に検討すると相互に相違していることについて，如何にして統一的な説明を与えるかという問題である．

　この問題については，18世紀以来，様々な仮説が提唱されている．第1に，J・G・アイヒホルンは，現存の三福音書の根底に，現存しないアラム語の原福音書が存在すると考え，現存の三福音書は，この原福音書をそれぞれ独立に翻訳したものであるとした．この説は三福音書の一致や類似については，よく説明出来るが，相違については十分に説明出来ない難点を持つ．

　第2に，J・G・ヘルダーとJ・C・L・ギーゼラーが唱えた伝承説がある．この仮説は，現存の福音書成立以前に長い口伝の時期を想定する．この説は，バラバラなイエス伝承を文書化し，物語としてまとめる作業が別々になされて，三福音書が成立したとする．この伝承説は，原福音書説とは逆に，三福音書の相違については良く説明出来るけれども，物語の広汎な一致については上手く説明出来ない．

　第3に，F・E・D・シュライエルマッハーは，断片説を唱えた．この仮説は，最初期の信徒達は見聞きしたイエスの言葉や業について，様々なメモを書き残した．これが，後に主題毎に纏められていき，最後の段階で福音書が成立したと考えた．共観福音書が三つ存在するのは，それぞれ独立の編集作業が，三つ存在したからである．この断片説は，伝承説と同様に，三福音書の相違については良く説明出来るけれども，物語の広汎な一致については上手く説明出来ない．

　次に登場したのが，文書資料仮説であり，三福音書間の文書的依存関係によって相互の一致と相違を説明する．つまり，いずれかの福音書がまず成立し，他の二つの福音書は先行する福音書を文書資料として用いて，それぞれの福音

書を著したと推定する．この仮説には，マタイ優先説とマルコ優先説の２種が
ある．マタイ優先説は，マタイ福音書が最初に書かれ，他の二つの共観福音書
は，マタイ福音書を下敷きにして書かれたと主張する．この説によれば，マル
コ福音書はマタイ福音書を大分省略して用いたことになる．この説は，今世紀
の初頭，A・シュラッターやT・ツァーンらによって提唱されたし，最近では
アメリカのW・ファーマーによって支持されている．

　マルコ優先説は，マルコ福音書が最初に書かれ，他の二つの共観福音書は，
マルコ福音書を下敷きにして書かれたと主張する．この説によれば，マタイ福
音書やルカ福音書は，マルコ福音書の物語の枠組みの上に，さらに編集的拡張
を加えてそれぞれの福音書を著したことになる．K・ラッハマンは，マタイ福
音書とルカ福音書の記事の順序が一致する場合は大抵，マルコ福音書の記事の
順序と一致しているという事実に着目し，マルコ福音書が他の二つの福音書の
基礎資料として用いられているとした．

　文書資料説は，さらに，マタイ福音書とルカ福音書が共通に用いている語録
資料（Q資料）仮説と結び付き，二文書資料説（Two-Document Hypothesis）
へと発展した．この説は二資料説と略称されることが多いが，実は四つの資料
を想定し，そのうちの最も重要な二つが文書化された資料であったと主張して
いる．二資料説という呼び方は，資料を二つしか用いてないような印象を与え
るので，二文書資料説（Two-Document Hypothesis）と呼ぶ方が良い．この
仮説は，マタイ福音書とルカ福音書は，マルコ福音書を基礎資料として福音書
物語を書き，マルコ福音書のストーリーの枠組みの中に，語録資料（Q資料）
から採用したイエスの語録を要所要所に配し，さらに，それぞれの福音書に固
有な特殊資料を加えて成立したとする．マタイ福音書とルカ福音書のそれぞれ
に固有な資料は，マタイ特殊資料（M）とルカ特殊資料（L）と呼ばれるが，
MとLはマタイ福音書とルカ福音書の成立以前には，まだ口頭伝承の段階であ
ったと考えられている．この資料仮説を図示すると次のようになる．

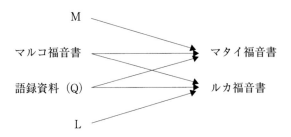

　この仮説は，20世紀の初頭に，A・ユーリッヒャー，H・J・ホルツマン，J・マンソン，B・ベイコン，A・S・ピークら有力学者たちによって支持されて確立され，今日に至るまで批評的新約学者たちの定説となっている．

　二文書資料説の修正説としては，四文書資料説と原マルコ仮説がある．例えば，B・H・ストリーターは，マタイ特殊資料（M）とルカ特殊資料（L）が既に文書資料であったとして，四文書資料説を唱えたが，十分に学界の賛同を得るに至っていない．

　また，原マルコ仮説は，マルコ福音書が最初に書かれ，他の二つの共観福音書は，マルコ福音書を下敷きにして書かれたことは認めるが，マタイとルカが用いたのは現存のマルコ福音書でなく，さらに古い原マルコ福音書（Proto-Mark）であるとする．この仮説は，三福音書に共通に収録されている記事の中には，細部においてマタイとルカが一致し，マルコが相違しているケース，即ち，「微少な一致（Minor Agreements）」があることに立脚している．この仮説は，古くは，K・ラッハマンやH・J・ホルツマンによって提唱されたが，反対論も強く，定説的な位置を占めてはいない．

　原マルコ説を否定するならば，「微少な一致（Minor Agreements）」をこの仮説とは別のやり方で説明しなければならない．W・G・キュンメルは，所謂「微少な一致（Minor Agreements）」と称せられる現象相互には，何ら一貫した主題的一貫性がないこと，写本上の問題があることから，マルコの文法的・文体的欠陥を修正した際の偶然的一致等の説明で十分であるとしている．他方，E・エンヌラートやU・ルツは近著において，マタイとルカが用いたのは現存のマルコ福音書でなく，現存のマルコ福音書の改訂版であるとする説を提唱している．「微少な一致（Minor Agreements）」の説明については，まだ学界の定説は成立していないというのが客観的な現状であろう．

＜参考文献＞
橋本滋男「共観福音書」『総説新約聖書』日本基督教団出版局，74‐167頁.
小林稔「共観福音書問題」『現代聖書講座Ⅱ聖書学の方法と諸問題』日本基督教
　　団出版局，1996年，298‐322頁.

第2節　Q資料（語録資料）

a．Q資料仮説

　共観福音書の記事の中には，マルコ福音書には含まれていないが，マタイ福音書とルカ福音書には共通に含まれているイエスの言葉がある．例えば，マタ7：21‐27はルカ6：46‐49に，マタ11：25‐27はルカ10：21‐22に，マタ6：9‐13はルカ11：2‐4に，マタ6：25‐34はルカ12：22‐32に並行しているが，マルコには並行箇所がない．しかも，マタイ版の記事とルカ版の記事の間には内容と言葉遣いの上での高い程度の一致が見られるので，マタイ福音書とルカ福音書が共通の文書資料を使用していると推定されるようになった．この資料は主としてイエスの言葉伝承から構成されているので，語録資料（Logienquelle），或いは，Logienquelleの後半部Quelleの頭文字を採ってQ資料と呼ばれる．この資料に出てくる語録の順序は，ルカ福音書の方が忠実に保存していると考えられるので，Q資料中の語録はルカ福音書の中での箇所によって呼ばれるのが通例である．例えば，Q3：7‐9とはルカ3：7‐9に出てくる語録資料のことであり，Q6：20‐26とは，ルカ6：20‐26に出てくる語録資料のことである．他方，マタイ福音書は，様々な言葉資料を主題毎に再編しているために，Q資料中の語録の元々の順序はあまり忠実に保存していないが，伝承の担い手集団の性格や，神学思想はQ資料に近いという特質を持つ.

　この資料仮説は，20世紀初頭以来，マルコ優先説と結び付いて二文書資料説を構成し，現在に至るまで通説的位置を維持している．その上，1947年にナイル川中流のナグ・ハマディの古代修道院跡より，大量のグノーシス文書が発見され，その中から，イエスの言葉伝承だけを集めた福音書『トマス福音書』が発見された．『トマス福音書』の発見により，イエスの言葉伝承だけからなるQ資料仮説の蓋然性がより高くなった．またイエスの生涯を辿るストーリーを持たないイエスの言葉集が福音書と呼ばれることがあることが分かったので，

Q資料は単なるバラバラの資料の集成でなく，一貫性を持つ文書であるという意味で，Q文書（佐藤研）やQ福音書（B・マック，M・G・スタインハウザー）と呼ぶ学者も出てきた．

＜参考文献＞

M・G・スタインハウザー「言葉福音書Q概説」J・S・クロッペンボルグ他（新免貢訳）『Q資料・トマス福音書』日本基督教団出版局，1996年，15‐51頁．

佐藤研「Q文書」『現代聖書講座Ⅱ聖書学の方法と諸問題』日本基督教団出版局，1996年，276‐297頁．

D・ツェラー（今井誠二訳）『Q資料注解』教文館，2000年．

荒井献『荒井献著作集7 トマス福音書』岩波書店，2001年．

Schulz, S. *Q. Die Spruchquelle der Evangelisten.* Zürich：Theologischer Verlag, 1972.

Kloppenborg, J. S. *The Formation of Q.* Philadelphia：Fortress, 1987.

――――――, *Excavating Q：The History and Setting of the Sayings Gospel.* Minneapolis：Fortress, 2000.

Robinson J. M. ed., *A Critical Edition of Q.* Minneapolis：Fortress, 2000.

b．Qの神学と担い手集団

　Q資料は受難・復活物語を含んでおらず，様々な言葉を通して宣教し，教える教師イエスをその神学の中核に置いている．このことは，イエスの受難と復活をキリスト教信仰の中核と見るケリュグマや（ロマ1：3‐4；Iコリ15：3‐7），受難・復活物語（マタ26：1‐28：20；マコ14：1‐16：8；ルカ22：1‐24：49；ヨハ12：1‐21：25）とは対照的である．

　第2に，この語録は世界の原理や生活訓について一般的に語る知恵文学的な言葉と（ルカ6：46‐49；11：2‐4, 34‐36；12：22‐31, 57‐59, 15：4‐7, 16：13），来るべき終末の裁きを語る預言的・黙示文学的な言葉の両方を含んでいる（ルカ3：7‐9, 16‐17；10：13‐15；17：23‐24, 26‐30, 34‐37；19：12‐26；22：28‐30）．Qにおいて知恵文学的な伝承の方が古いのか，預言的・黙示文学的な伝承の方が古いのかということに関しては，研究者の間で意見が分かれており，J・クロッペンボルクや，J・M・ロビンソンは，前者を原初的な部分としているが，佐藤研は後者を原初的部分としている．

　第3に，この資料の担い手はパレスチナの諸都市を巡回した宣教者たちであり，神に生活のすべてを委ねて宣教に従事した彼らのエートスが，すべてを捨てて主に従うことを求める先鋭な要求の言葉（ルカ10：2‐12；12：22‐31；14：26‐27；17：33）に表れている（G. Theissen；W. Stegemann）．この資料の担い手集団をQ教団と呼ぶこともある．この集団の宣教のエートスは，マタイ福音書の担い手集団に引き継がれた（マタ6：25‐34, 10：40‐42, 23：34‐36を参照）．

第3節　様式史研究

　共観福音書問題の解決として提唱された二文書資料説は，現存のマタイ福音書とルカ福音書の背後に，マルコ福音書とQ資料という文書資料を想定する仮説であった．1919年以来，ドイツの新約学者によって提唱されている様式史研究（Formgeschichte），または，様式史批評（Form Criticism）は，文書資料が成立する以前の口頭伝承段階に注目し，イエスの言葉や業についての伝承の形成と発展の法則を研究する方法である．この研究法は，旧約学におけるH・グンケルによる口頭伝承の諸類型（Gattungen）の研究に刺激されて，R・ブルトマン，M・ディベリウス，K・L・シュミットによってそれぞれ独立に展開された．

　様式史家によると，現存の福音書の物語が与える，個々の伝承の場面設定や，物語全体のストーリー展開の枠組みは，イエスの言葉と業についての伝承に対しては二次的であり，福音書を編集する際に付加されたものである．イエスの言葉と業についての伝承は，担い手集団によって伝達・反復されるうちに，自然発生的に奇跡物語や，黙示的言葉や，格言などの一定の様式（Form）を備えるようになるし，様式の形成と発展には一定の法則が確認される．また，様式の形成と発展には一定の社会的場が寄与しており，それを様式史家達は生活の座（Sitz im Leben）と呼んだ．生活の座（Sitz im Leben）は社会学的概念であるが，様式史家達は教会内に限定し，諸伝承の背後にある生活の座は，礼拝や，洗礼や，説教等であるとした．

　K・L・シュミット（K. L. Schmidt）は，1919年に刊行された『イエス物語の枠組み（*Der Rahmen der Geschichte Jesu*）』において，マルコ福音書の物語

の枠組みは二次的に福音書記者によって創られたものであり，イエスに関する個々の伝承には元々何時どこで起こったのかという，時間的・地理的指示は含まれていなかったことを示した．他方，M・ディベリウス（M. Dibelius）は，同じく1919年に刊行された著作『福音書の様式史（*Die Formgeschichte der Evangelien*)』において，福音書に含まれる伝承様式の包括的分類を試み，説話（Novellen)，範例（Paradigmen)，論争物語（Auseinandersetzungen)，受難物語（Passionsgeschichte）等の様式を認めた．R・ブルトマン（R. Bultmann）は，1921年に『共観福音書伝承史（*Geschichte der synoptischen Tradition*)』を著し，共観福音書伝承全体の分類と分析を試みた．ブルトマンの『共観福音書伝承史（*Geschichte der synoptischen Tradition*)』の様式分類は下記の通りであり，福音書の様式史的分類の標準的モデルを提供した．

　　主の言葉
　　　譬え
　　　ロギア（格言集）
　　　黙示的言葉（預言）
　　　律法の言葉と教会戒規
　　　アポフテグマ（奇跡＋論争物語）
　　物語
　　　奇跡物語（Wundergeschichte）
　　　歴史物語と聖伝（Legende）
　　　　　降誕物語
　　　　　受難物語
　　　　　復活物語

　　主の言葉伝承は，イエスが語った言葉についての伝承が形成した様式であり，さらに，譬え（マタ7：13 - 14；13：3 - 9, 18 - 23, 31 - 32, 33 - 35；24：27；マコ4：3 - 9, 21 - 25, 26 - 29, 30 - 32；12：1 - 10；ルカ10：30 - 37；15：11 - 32；18：10 - 14)，格言集であるロギア（マタ6：34；8：22；24：28；マコ13：33 - 37；ルカ4：23, 24 - 26, 39)，黙示的言葉（マタ11：6；マコ13：2；ルカ6：20 - 23, 24 - 26)，律法の言葉と教会戒規（マタ5：

21 - 22；16：18 - 19；マコ6：8 - 11；7：6 - 8；11：25）という下位様式に分かれる。

　アポフテグマとは，イエスが行った奇跡物語に，イエスとユダヤ教指導者達との論争が付いているタイプの様式であり，マタ9：2 - 8，12：9 - 14；マコ2：1 - 12；3：22 - 30；ルカ14：1 - 6等がその例として挙げられる。ブルトマンはこのタイプの様式においては，イエスが行った奇跡的業自体よりも，それに続く論争の中で語った言葉の方が主であると考えた。

　奇跡物語とは，イエスが行った奇跡的行為を報告する伝承であり，イエスの癒しの物語や（マタ8：1 - 4，14 - 15，16 - 17；マコ1：21 - 28；5：1 - 20，25 - 34；7：31 - 37；9：17 - 27；ルカ13：11 - 17），5000人の給食の記事や（マタ14：13 - 21；マコ6：32 - 44；ルカ9：10 - 17），海上歩行などが（マタ14：22 - 33；マコ6：45 - 52；ルカ9：10 - 17；ヨハ6：10 - 21），この様式に属する。

　歴史物語と聖伝（Legende）は，イエスの生涯についての伝記的な報告を与える物語であり，例えば，受胎告知や（マタ1：18 - 25；ルカ1：5 - 25），降誕物語や（マタ2：1 - 12；ルカ2：1 - 20），ヨハネの宣教が（マタ3：1 - 12；マコ1：2 - 8；ルカ3：1 - 20），この様式に属する。

　受難物語には，最高法院での裁判や（マタ26：57 - 68；マコ14：53 - 65；ルカ22：54 - 71），ローマ総督の下での裁判の物語や（マタ27：11 - 26；マコ15：2 - 15；ルカ23：2 - 25），十字架上の処刑の物語が属する（マタ27：27 - 56；マコ15：22 - 41；ルカ23：32 - 49）。復活物語は，マタ28：1 - 10；マコ16：1 - 8；ルカ24：1 - 12，13 - 35，36 - 49に見られる。他方，これらの説話伝承は，マルコ福音書成立以前に，受難・復活物語としての大きなまとまりを形成していたことが，マコ14：1 - 16：8に対して文書上は依存関係にないヨハ18：1 - 20：29が並行していることから推定される。

　様式史研究は，もともと共観福音書伝承の研究から出発した研究法であるが，後には，ヨハネ福音書や書簡文学に含まれるイエスについての伝承や，初代教会の信仰告白伝承の分析に援用された。また，この方法論の応用として，イエスの言葉伝承の古い部分と新しい部分を区別し，伝承の形成と発展の歴史を解明する伝承史研究がなされるようになった。

　伝承史的研究による，共観福音書伝承の形成過程は次の通りである。

30年頃	30‐60年頃	60‐70年頃	80‐90年頃
イエスの言葉 →	口伝 →	文書化とまとまり →	最終編集
		Q資料の成立	マタイ福音書
		マルコ福音書	ルカ福音書

伝承史研究はこうして，イエスの言葉伝承の新しい部分から，古い部分へ，さらには真正の史的イエスの言葉へと遡る方法論的前提を与えたが，ブルトマンは実際に伝承史的研究を行った後，共観福音書伝承のほとんどは初代教会に起源し，史的イエスに遡ると文献学的に言える伝承は非常に少ないと結論した．伝承の歴史性に対するブルトマンの強い懐疑は，後にその弟子達から批判されることになる．

＜参考：史的イエス論争＞

　史的イエス論争（A new quest of historical Jesus［J. M. Robinson］）とは1950年代にブルトマンとその弟子たちとの間で，史的イエスの史的復元可能性やイエスの宣教と初代教会のケリュグマとの連続性を巡って交わされた論争のことを言う．この問題についてブルトマン批判の口火を切ったのはE. Käsemannであるが，他の主立った弟子たち（H. Conzelmann；H. Braun；G. Ebeling；J. M. Robinson他）もこの論争に参加した．

　問題点は三つある．第1は史的イエスの真正の言葉の可能性の問題であり，イエスに遡るとされる言葉の範囲はブルトマンが考えたよりも大きいのではないかということである．第2は，史的イエスのメシア性の問題であり，この点について史的イエス自身と初代教会のケリュグマとの間に継続性があるのではないかということである．第3は，キリスト教信仰にとってキリストの死と復活のケリュグマがナザレのイエスという史的人物に関するものであるという事実だけで十分なのかどうかということである．

　第1の点については，この論争を通して現存の教会のケリュグマから史的イエスの言葉に遡及する学問的方法が再検討され，イエスの言葉の真正性の判定基準が整備された．この問題を理解するためには，福音書伝承の形成過程を考慮に入れる必要がある．

　共観福音書の伝承史的研究が明らかにしたところによると，口頭で語られた史的イエスの言葉は，弟子たちから教会へ口伝えの形で伝えられる（伝承の最古層）．この口頭伝承は，教会の宣教や教育の場で繰り返し伝えられる（伝承の

新層）．60年頃から伝承は主題毎に纏められ，文書化されていく（Q段階）．70年頃に，伝承群は一貫した福音書物語の形で編集される．まず最初にマルコ福音書が書かれた（マルコ資料段階）．次にこの福音書物語とQ資料，さらには特殊資料（MとL）を用いてマタイ福音書とルカ福音書が書かれた（最終編集段階）．我々の手許にあるのは最終編集段階の福音書物語である．史的イエスの言葉に至るためには，文献学的な操作によって，最終編集段階から，文書資料段階（Qとマルコ）を経て，口頭伝承の新層から古層へと遡らなければならない．

　史的イエス論争の結果，最古層のイエスの言葉伝承の真正性を判定する基準として，真正性を主張する者には挙証責任があることを前提に，①複数資料の原則，②非類似性の原則，③一貫性の原則，（④アラム語資料の原則）が確認された．

　①の複数資料の原則とは，イエスの言葉が相互に独立な複数の資料によって証言されていれば，単独の資料によって証言される場合よりも，史的イエスに実際に遡る可能性が高いという原則である．例えば，マタ5：44の「敵を愛し，自分を迫害する者のために祈りなさい」という言葉は，ルカ6：27に並行伝承があり，Q資料に由来する．この言葉伝承には，さらにロマ12：14という全く別系統の史料が存在しており，真実に史的イエスの言葉である可能性が強い．

　②の非類似性の原則とは，イエスの言葉伝承の内容が，同時代のユダヤ教の教えや，後の教会の教えと比して類例がないものであるものは，史的に真正なイエスの言葉である可能性が強いという原則である．例えば，マタ5：33 - 37にある徹底した誓いの禁止は，ユダヤ教にも初代教会にも類例はなく，史的に真正なイエスの言葉である可能性が強い．

　③の一貫性の原則とは，あるイエスの言葉伝承と，真正の史的イエスの言葉とされた他の言葉伝承との間に内容的齟齬がなく，両者の間に一貫性がある場合は，史的に真正なイエスの言葉である可能性が強いという原則である．

　④のアラム語資料の原則とは，イエスがアラム語を日常使用していたことから，現在伝えられている言葉伝承のうち，アラム語に還元出来るような言葉伝承は，史的に真正なイエスの言葉である可能性が強いという原則である．この原則は，J・エレミアス（J. Jeremias）が唱えた原則であるが，イエスの弟子達を中心とする原始教会もアラム語を使用していたのであるから，アラム語に還元出来るイエスの言葉伝承は，少なくとも原始教会に遡ることが出来る古い伝承であることは言えても，本当に史的イエスにまで遡る伝承であるとまでは言えないであろう．

　これらの原則を適用した結果，イエスの言葉伝承にはブルトマンが考えた以

上に真正なものが多くあり，史的イエスを復元することは可能とされ，ブルトマンもこの点はある程度同意した．こうした結論を踏まえて，G・ボルンカム（G. Bornkamm）は *Jesus von Nazareth*（『ナザレのイエス』）を著した．

　第2の点については，真正の史的イエスの言葉とされる伝承の中ではイエスが自身を明示的にメシアと呼んだことは確認されないという点では，ブルトマンと弟子たちの間に異論はなかった．しかし，弟子たちは史的イエスが自己の権威において新しい告知をしたことや（マタ5：21-48六つの反対命題），自分への態度を終末の裁きにおいて救われるかどうかの条件にしていること（マコ8：38並行）等により，イエスはメシアとして振る舞ったと主張した．ブルトマンも後には史的イエスにあっては黙示的であった（implizit）メシア性が，初代教会の宣教の中で明示的（explizit）になったと認めた．

　第3の点は組織神学的問題であり，我々のキリスト教信仰の根拠を問うものである．この点についてブルトマンは終始立場を変えなかった．ブルトマンによれば，史的イエスについての史実に信仰を依拠させようとする者は，信仰を客観化する事が出来ると考えるに等しい。こうした人間に検証可能な事実によって保証しようとする試みは，人間の業による義認の努力に他ならないものである．これに対して，弟子たちは史的イエス探求の試みはケリュグマの背後に存在する史実を求めるものではあるが，そのことはケリュグマの真実性を史実によって立証しようとする努力とは区別されるとしている．

＜参考文献＞

青野太潮「ブルトマンとその弟子たちの論争」大貫隆・佐藤研編『イエス研究史』日本基督教団出版局，1998年，192-224頁．

加藤善治「様式史・編集史・文学社会学」『現代聖書講座Ⅱ聖書学の方法と諸問題』日本基督教団出版局，1996年，207-232頁．

E・V・マックナイト（加山久夫訳）『様式史とは何か』ヨルダン社，1982年．

第4節　編集史研究

　この研究法は，編集史研究（Redaktionsgeschichte）とも編集史批評（Redaction Criticism）とも呼ばれる．編集史研究は，福音書記者による福音書伝承の編集部分に注目し，編集作業の背後にある福音書記者の神学的意図を取り出し，その背景となっている史的状況との関連を考察する．様式史研究が

福音書中の伝承と編集とを区別する方法論的道具を提供したのであり，編集史的方法は様式史家達の弟子筋にあたる研究者達によって，1950 年代に展開された．ここで問題になる編集作業とは，福音書における伝承の配列や改変，挿入・削除のことである．様式史研究は福音書記者達は伝承の収集者としてしか捉えられていなかったが，1956 年に刊行された W・マルクスセン『福音書記者マルコ（*Der Evangelist Markus*)』は，福音書記者マルコを神学的意図を持った自覚的著者であることを強調した．

　編集史研究は，マルコ福音書だけでなく，マタイ福音書やルカ福音書にも適用された．マタイ福音書やルカ福音書は，マルコ福音書という原本（Vorlage）を比較の対象として持っているので，編集部分の区別が明確であり，編集史研究が機能する可能性は，マルコ福音書やヨハネ福音書よりも大きい．マタイ福音書の編集史研究としては，1956 年に刊行された，G・シュトレッカー『義の道（*Der Weg der Gerechtigkeit*)』と，1960 年に刊行された，G・ボルンカム，G・バルト，H・J・ヘルト『マタイ福音書における伝承と解釈（*Überlieferung und Auslegung im Matthäus‐Evangelium*)』が挙げられる．両方の著作は共にマタイ福音書の個々のペリコーペの編集部分を拾い集め，そこに共通に見られる神学的傾向を浮き彫りにした．

　ルカ福音書の編集史的研究としては，1956 年に刊行された，H・コンツェルマンの教授資格請求論文『時の中心（*Die Mitte der Zeit*)』が，挙げられる．この著作は，ルカ福音書に編集史的方法を適用して，ルカ福音書の根底に，イスラエルの時から，イエスの時を経て，教会の時に至る救済史の神学があることを明らかにした．コンツェルマンによれば，1 世紀末における第 3 世代のキリスト教徒であるルカ福音書の著者は，終末の遅延という問題にこの救済史の神学を構想することによって解決を与えたとする．

　編集史的方法は，このように各福音書の神学とそれぞれが直面していた状況における教会の課題を浮き彫りにする成果を挙げた．しかし，編集史的方法があぶり出すようにして取り出した編集部分は，福音書記者が直面している 1 世紀末の状況に由来するものであり，イエスの物語である福音書が表向きに取り扱っている，30 年代に展開されたイエスやその弟子達の物語の世界とは懸け離れているという問題がある．つまり，物語外的な 1 世紀末の地中海世界やパレスチナの史的状況や，教会の状況に関する知識を前提にして，物語の中に出て

くる出来事や言葉を解釈することになる．例えば，マタイ13：24 - 30に出てくる毒麦の譬えの意味について，編集史家は，世俗化しつつある 1 世紀末の教会には善人も悪人も含まれている現実があるが，誰が救われるべき者か，裁かれるべき者かは，人間には終末の時まで分からないということを述べているとする．また，マタイ17：24 - 27に出てくる神殿税を納めて良いかどうかということを取り扱った説話が出てくる．編集史家は，紀元80 - 90年頃に該当する福音書記者マタイの時代には，ユダヤ戦争によってエルサレムの神殿は破壊されて存在していないのに，何故このような話がマタイ福音書に収録されているのだろうか？　という問いを立てる．編集史家による結論は，紀元70年の神殿破壊後にローマによって徴収された，ユピテルの神殿に収める税金を払って良いかどうかという問題に直面していたからであるというものである．これはイエスの物語である福音書の外にある，ユダヤ戦争やその後のパレスチナの社会の歴史的状況に関する知識を前提に，福音書物語の意味を解釈する作業である．このような読み方は，編集史的方法に習熟した新約学者だけに通じる読み方であり，書かれている物語をそのままに読む一般信徒や，聖書学以外の神学部門の研究者には全く思いの及ばない聖書の読み方なのではないだろうか．

＜参考文献＞

橋本滋男「共観福音書」『総説新約聖書』日本基督教団出版局，1981年，74 - 167頁.

N・ペリン（松永希久夫訳）『編集史とは何か』ヨルダン社，1984年.

第5節　社会学的・社会史的研究

　1970年代以降，ドイツ語圏や英語圏で，新約聖書の社会学的・社会史的研究が盛んになってきており，日本でもその刺激を受けて新約聖書の社会学的研究に従事する研究者達が出てきている．但し，社会学的・社会史的研究と言っても，それぞれの視座や，準拠する社会学理論は，様々であり，統一的な理論的枠組みが存在する訳ではない．ここでは，その幾つかの代表例を紹介するに留まる．

　様式史研究は，イエス伝承の口伝段階に注目し，伝承の様式と伝承成立の社会的場である「生活の座」との関連を考察した．しかし，様式史研究の視野は

教会内の社会的場に限られ，「生活の座」として礼拝や洗礼，説教などを取り上げたに過ぎない．G・タイセンや荒井献らは，様式史研究の徹底として，伝承の担い手集団の社会学的分析を試みた．この文学社会学モデルは，伝承の担い手集団を，(1) 社会経済的要因（担い手集団の社会層），(2) 社会生態学的要因（担い手集団の地域性），(3) 社会文化的要因（担い手集団の言語と価値観）の視点から分析を加える．

　タイセンは，『イエス運動の社会学（*Soziologie der Jesusbewegung*）』（1974年）において，定住地を持たず巡回説教して回る宣教者集団と，彼らの宣教を受け入れ，住居や衣食を与えて支持を与える定住の信徒集団を区別し，前者をすべてを捨てて神にのみ信頼して宣教に邁進する放浪のラディカリストと呼んだ．タイセンが「イエス運動」と言うときは，イエスの宣教だけでなく，イエスを主と信じる初代教会の宣教運動も含んでいる．イエス伝承に含まれる，自己を捨てて自分の十字架を負ってイエスに従う勧めや（マタ16：24 - 28；マコ8：34 - 38；ルカ9：23 - 27），何も持たずに宣教の旅に出る勧めや（マタ10：1 - 15；マコ6：7 - 11；ルカ9：1 - 6；10：1 - 22），神への絶対の信頼を説く勧めは（マタ6：25 - 34；10：16 - 31；ルカ12：2 - 9, 22 - 32），巡回説教して回る宣教者集団に帰され，宣教者集団を受け入れることを勧める言葉や（マタ7：15 - 20；10：40 - 42），家に帰ることを勧める言葉は（マコ5：18 - 20），定住信徒集団に帰された．

　W・シュテーゲマンの福音書研究は，社会学的というよりも社会史的関心が強い．社会学的方法の場合は，社会学的理論モデルによって反復可能な社会事象を分析するが，社会史的研究は一回的な社会の歴史現象を問題にする．シュテーゲマンは，資料分析をより厳密化し，タイセンがイエス運動の特色を示す根拠箇所として挙げた箇所は，Q資料に由来するものであり，イエス運動一般の特色と言うよりも，Q教団の宣教者達の特色を示すものであるとした．

　荒井献は，イエスの奇跡物語伝承の担い手集団と言葉伝承との担い手集団を区別する．荒井によれば奇跡物語伝承の最古層の担い手は，(1) 社会の最下層，特に，社会的に差別の対象とされた「地の民」に属し，(2) ガリラヤの農村の出身であり，(3) アラム語を話し，社会（家族）復帰の理念を抱く．これに対して，主の言葉伝承の古層の担い手集団は，(1) 小市民層に属し，(2) ガリラヤの町の出身だが，価値観において農村志向であり，(3) アラム語を話

し，社会（家族）を離脱し，所有を放棄する価値理念を抱く．

　大貫隆は，ヨハネ福音書の解釈のために，独自のテキスト効用論的な分析モデルを構築した．大貫は，ヨハネ福音書14‐16章にあるイエスの告別説教は，この福音書全体を読み解く解釈論的視座を与えているという，G・ボルンカムの議論を基本的に受け入れ，その上に社会学的分析を加えた．告別説教（ヨハ14‐16章）において示されているように，ヨハネ福音書の背後にあるヨハネ共同体は，復活後の教会であり，主が約束した真理の御霊（ヨハ16：13）を与えられ，真理を知っている一方で，世から憎まれ，会堂から追放されている（9：22, 34；12：42；16：2）．ヨハネ福音書のテキスト世界は，読者であるヨハネ共同体に属する人々を一旦その置かれている現実から引き離し，新たな視点からの考察によって新しい意味付けを行い，現実世界に送り出すのである．

　英語圏でも新約聖書の背景となっている社会的世界を解明しようとする様々な研究が行われている．例えば，1983年に刊行されたW・A・ミークス『最初の都市信徒達：使徒パウロの社会的世界（*The First Urban Christians*：*The Social World of the Apostle Paul*）』は，地中海世界の大都市で展開されたパウロの宣教活動による信徒集団が成立した社会的条件を分析した．ミークスは，彼の伝道説教に応えて回心した人々の内的動機は，当時の都市世界の中で，出自や経済力と社会的地位がマッチせず不安定な状態に置かれている人々が，教会に加わり，キリスト教徒として新しいアイデンティティと支持集団を見つけることが出来たからであるとした．R・ホックは，『天幕づくりパウロ』において，パウロの宣教が行われた社会的場は，使徒言行録が伝えているような，広場や集議所のような公の場所でなく，テント職人であったパウロの仕事場である工房であり，職場の人間関係をテコにパウロは伝道したと主張した．

　以上のような社会学的方法に対して，伝統的な神学の側からは，宗教現象，或いは，神学思想を，世俗的な社会的経済的条件に還元してしまう還元論ではないのかという疑いが持たれている．或いは，宗教や思想が社会的経済的条件によって決定されていると考える，決定論の立場ではないかという批判が寄せられている．これらの批判に対して，新約聖書の社会学的研究の開拓者の一人であるG・タイセンは，自分の社会学的分析モデルは，必ずしも還元論や決定論に立っているのではなく，社会的諸条件に対する人間の自由を認めると主張する．同一の社会的経済的条件であっても，それに対する人間の応答行動には

複数の選択肢があるからである．新約聖書の社会学的研究は，新約聖書学の一部門であると同時に，宗教社会学の一部門でもある．その宗教社会学の祖であり，今日に至るまで影響を与えているM・ヴェーバーの研究は，人間は社会的経済的条件に規定されていると共に，人間の持つエートス（価値志向）が社会行動を作り出し，新たな社会的経済的条件を作り出す側面を明らかにしている．新約聖書の社会学的・社会史的研究は，新約思想と社会的経済的条件との相互作用に光を当て，新約聖書の中に展開される神学と現実世界のダイナミックな相互関係を理解する助けとなるものであろう．

＜参考文献＞

G・タイセン（荒井献・渡辺康麿訳）『イエス運動の社会学』ヨルダン社，1981年．

G・タイセン（大貫隆訳）『新約聖書　歴史・文学・宗教』教文館，2003年．

W・シュテーゲマン（佐伯晴郎訳）『貧しい人々と福音—社会史的聖書解釈入門』，新教出版社，1982年．

W・シュテーゲマン・L・ショットロフ（佐伯晴郎・大島衣訳）『いと小さき者の神』新約篇，新教出版社，1981年．

W・シュテーゲマン・L・ショットロフ（大貫隆訳）『ナザレのイエス』日本基督教団出版局，1989年．

荒井献『イエスとその時代』岩波書店，1974年．

同『新約聖書とグノーシス主義』岩波書店，1986年．

大貫隆『福音書研究と文学社会学』岩波書店，1991年．

同『ヨハネによる福音書—世の光イエス』日本基督教団出版局，1996年．

R・ホック（笠原義久訳）『天幕づくりパウロ』日本基督教団出版局，1990年．

Meeks, W. A. *The First Urban Christians：The Social World of the Apostle Paul.* New Haven：Yale University Press, 1983.

第6節　文学的方法

　従来の新約聖書研究は歴史的・批評的方法論に基づくものが主流であったが，1980年以降は，英語圏の研究者を中心に，文学的方法による新約聖書研究が隆盛である．文学的方法と言っても様々な方法論があり一様ではない，ここ

では，最も代表的な方法論としてａ．文学史的方法，ｂ．物語批評，ｃ．修辞
学的方法を簡単に紹介しておこう．

ａ．文学史的方法

　文学史的方法とは，新約聖書と同時代の古典文学の中に，新約諸文書を位置
付ける方法論である．福音書は古代の文学ジャンルのどれに該当するのだろう
かという問いに対して，どれにも該当しないというのが，新約学者の伝統的回
答であった．例えば，Ｍ・ケーラーはかって，マルコ福音書は長い序文が付い
た受難物語であると述べた．ケーラーは，福音書が基本的には物語の形をとっ
たイエスの死と復活についてのケリュグマであって（ロマ1：3‐4；Ⅰコリ15：
3‐7），古代の伝記文学とは全く異なると考えた．この伝統的見解は，福音書
が伝える神学的内容を重視し，福音書の持つ文学性を低く見ている．

　これに対して，最近の英語圏の学者達は，福音書の文学性をより高く評価
し，古典文学の伝記のジャンルに属すると考えている．例えば，マルコ福音書
は，幼少物語がないことや，時間的には僅か1週間の受難物語が，福音書物語
の中で大きな比重を占めていること，復活物語が唐突に終わっていることなど
様々な特殊性を持つが，一種の伝記であることは変わらないとする．しかし，
仮にマルコ福音書が伝記であるとするならば，どのタイプの伝記であるかを判
定しなければならない．当時の伝記には，公的人物の事績を顕彰する英雄伝
と，人格と教えを描く哲学者の伝記等のタイプが見られる．マルコ福音書はイ
エスの生涯を叙述することを通して，その人格と教えを伝えているのであるか
ら，哲学者の伝記の方に近いであろう．

　マタイ福音書とルカ福音書は，マルコ福音書には欠けていた降誕・幼少物語
を備えているし（マタ1：1‐2：23；ルカ1：1‐2：52），物語の結びに復活顕
現の物語を付け加えて（マタ28：1‐20；ルカ24：1‐53），物語としての完結
性を高めているために伝記的性格が強まっている．特に，ルカによる福音書
は，聖霊の力に満たされて，ガリラヤとユダヤにおいて言葉と業に力があった
イエスの生涯，十字架に架けられたが三日目に甦った出来事を描いており，英
雄伝のジャンルに近くなっている．

　パウロ書簡の研究では古代書簡理論と修辞学的批評とが問題になる．両者は
良く区別されないで論じられることが多いが別の理論体系である．古典古代に

は発達した書簡理論があり，書簡の分類や分析がなされていた．新約書簡もこうした古代書簡の文脈に位置付けられる（一般書簡との共通性と特殊性）．またエジプト出土のパピルス文献には，多くの書簡が含まれており，古代書簡の実際についての史料を提供している．パピルス書簡の分析は，かつて20世紀の初頭にダイスマンが行ってこの方向の研究の先鞭を付けたが，最近では英語圏の方が盛んであり，中でもJ・L・ホワイトの実証的研究が抜きんでた成果を挙げている．

＜参考文献＞

Aune, D. E. *The New Testament in its Literary Environment*.　Philadelphia：Westminster, 1987.

Dormeyer, D. *Das Neue Testament im Rahmen der antiken Literaturgeschichte*. Darmstdt：Wissenschaftliche Buchhandlung, 1993.

Deissmann, A. *Licht vom Osten*.　4. Aufl.；Tübingen：Mohr, 1923.

Malherbe, A. J. *Ancient Epistolary Theorists*. SBLDS 19；Atlanta：Scholars Press, 1988.

Stowers, S. K. *Letter Writing in Greco‐Roman Antiquity*. Philadelphia：Westminster, 1984.

White, J. L. *Light from Ancient Letters*. Philadelphia：Fortress, 1987.

原口尚彰「パウロによる新しいタイプの書簡の創造」『新約学研究』第24号（1996年）13‐22頁.

b．物語批評

　1980年より英語圏の学者たちにより開拓され，現在は主流の新約聖書研究法の一つの地位を築いているのが，この物語批評である．この方法は20世紀のアメリカとフランスで発達した科学的な文学批評の理論モデルを，新約聖書中の物語に適用する方法である．福音書研究について言えば，1982年に刊行されたD・ローズの『物語としてのマルコ福音書（*Mark as Story*)』が先駆的例である．この著作の刺激を受けて，1986年にJ・D・キングズベリー『物語としてのマタイ福音書（*Matthew as Story*)』が書かれ，1990年にはD・ハウウェル『マタイの包摂的物語（*Matthew's Inclusive Story*)』が書かれた．

　この方法論の一番の特色は，新約聖書の物語を独立・完結したテキスト世界

と見ることである．従来の歴史的・批評的な方法は，テキストから背後の歴史を明らかにしようとした，テキスト世界はいわば歴史世界を覗く窓の役割を果たしていた．物語批評にあっては，物語外の歴史世界は括弧で括られ，テキストが描く現存の文学世界の解明に集中する．物語批評の分析モデルは，次のような語りの重層的レベルの区別をする．物語批評が問題にするのは，最も外側の実線で区切られた物語内的世界である．物語内的世界も，語られている物語自体のレベルと，語り手と聞き手のレベルと，内的著者（implied author）と内的読者（implied reader）のレベルの 3 段階が区別されて分析される．

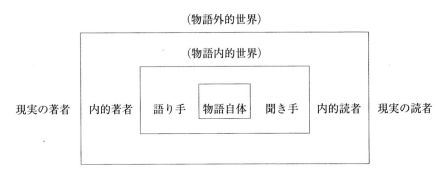

（物語外的世界）

（物語内的世界）

| 現実の著者 | 内的著者 | 語り手 | 物語自体 | 聞き手 | 内的読者 | 現実の読者 |

　第 2 に，この方法論は，物語テキストを一つの統一体として取り扱い，物語の一貫性（coherence）を重視する．現存のテキスト世界の一貫性を問題にするのであるから，物語批評はテキストをバラバラに細分して，伝承と編集に分けるようなことはしない．物語の個々の部分は物語全体の中に置かれてこそ意味を持つからである．編集史研究では，資料として使われた他の福音書や語録資料との対比によって編集作業の文学的・神学的特色を浮き彫りにしたが，物語批評は個々の部分の物語内的な意味を重視するので，他の福音書の並行箇所との比較は余り行わないのである．

　第 3 に，物語批評は物語に使用されている様々な文学的手法とその効果に注目する．様々な物語に対して研究者達は，プロットと場面構成，語り手と聞き手の問題，登場人物（主人公と脇役），内的著者と内的読者，物語時間（伏線，回想，フラシュバック），劇中劇，アイロニー等の問題を論じている．

　以上のように，物語批評の方法論は，従来の歴史的・批評的方法論と非常に対照的な方法論として台頭してきた．英語圏では既に最もドミナントな福音書

研究法の一つとなっていると言っても過言ではない．問題は，基礎になっている文学理論が，主として19世紀末から20世紀にかけて書かれた小説の分析理論として構築されていることである．小説は基本的にフィクション（仮構）であり，小説家の想像力と人間洞察の真実を仮構の物語を通して提示するものである．ところが，福音書文学の対象はナザレのイエスという実在の人物であり，その叙述の核には史実が存在している．福音書記者達がそれぞれの福音書物語を綴るに当たっては，彼らの信仰に基づいた文学的想像力が働いたことは間違いないが，史実を出発点にしているということは否定出来ない．私は福音書物語は，完全なフィクションのジャンルに属する小説ではなく，実在の歴史的人物を取り扱った歴史小説に対比出来る性格の文学ではないかと考えている．この歴史小説に属する文学においては，書かれている世界の文学性と共に史的蓋然性や信憑性の問題を回避することは出来ないのである．

　最後に日本における文学批評的方法論の受容状況について一言述べておこう．現在，主として若手の研究者の間で，物語批評の方法論による福音書研究が盛んになって来ている．ところが，従来の歴史的・批評的研究の上に立つ古い世代の研究者達は，自分たちの方法論の上に立った伝承や編集についての質問をするので，対話が上手く成り立たないという問題が出てきている．私は，新約聖書の研究において，どれか一つの方法論が正しくて他は間違っているというようなことはないと考える．複数の方法論が並行して存在し，それぞれが独自のパラダイムを持っている．史的研究に対してはその史的なパラダイムに沿った対話が可能であり，文学的研究に対しては文学的なパラダイムに沿った議論をしなければならないであろう．生産的な対話を行うには，自分が用いない方法論に対しても心を開いて学習し，理解しようとする学的努力が必要であろう．

＜参考文献＞

太田修司「文学批評」『現代聖書講座Ⅱ聖書学の方法と諸問題』日本基督教団出版局，1996年，233‐250頁．

挽地茂雄「イエスと弟子たちマルコ福音書における『弟子』の文学的機能をめぐって」『聖書学論集』第26号，1996年，87‐124頁．

Rhodes, D. *Mark as Story*. Philadelphia：Fortress, 1981.

Kingsberry, J. D. *Matthew as Story*.　Philadelphia：Fortress, 1981.

Howell, D. *Matthew's Inclusive Story*.　Sheffield：JSOT Press, 1990.

Tannehill, R. C. *The Narrative Unity of Luke‐Acts : A Literary Interpretation*.　2
vols.　Philadelphia：Fortress, 1986‐90.

c ． 修辞学的批評

　現代の新約聖書学において修辞学的研究が盛んになったのは，1974年の国際新約学会（Studiorum Novi Testamenti Societas）において，H. D. Betzが行った主題講演と数年後に彼が上梓した詳細な注解書*Galatians*の問題提起によるところが大きい．さらに，1984年に刊行されたG. A. Kennedy著 *New Testament Interpretation through Rhetorical Criticism*は，新約聖書全体の修辞学的分析の標準的分析モデルを提供した．この二つの著作によって修辞学批評は新約聖書学の新しい方法論として市民権を得て，新約聖書の主要な研究法の一つとして定着した．また，新約聖書の修辞学的研究についての国際学会が，1992年にドイツのハイデルベルクで開催されて以来，2年に1回のペースで場所を変えて開催され，聖書の修辞学研究に従事する世界の学者達の重要な研究フォーラムとなっている．日本においてこの方法を用いるのは，山田耕太と筆者だけである．山田はルカ福音書と使徒言行録からなるルカ文書全体のジャンルの分析にこの方法を援用し，ルカ文書を「悲劇的修辞学的歴史」とした．彼はさらに，最近ではパウロ書簡に修辞学的分析を援用し，従来，歴史的・批評的立場からは，統一性が疑われていた書簡に対して，統一性の主張を行っている．私は修辞学批評の方法論を，新約文書中のペリコーペの釈義に適用し，特に修辞学的状況と修辞内容及び修辞的効果の関連に光を当てる努力を行っている（特に，パウロ書簡，使徒言行録中の演説）．

　修辞学とはギリシア・ローマ世界で発達した言葉による説得の技術もしくは説得の技術についての理論であり（プラトン『ゴルギアス』452e‐453a；アリストテレス『弁論術』1355a；キケロ『発想論』1. 6‐7；『演説について』1. 138；クィンティリアヌス『弁論家の教育』2. 15. 1‐37），当時の知識人たちが行う公の演説に広く用いられていた．修辞法［弁論術］は，ポリスを基礎にしたギリシアの民主制の中で発達し，当時の教育の中で確固たる位置を占めていた．イソクラテスのような優れた修辞家は高い評価を受けたし，アリストテレスによる修辞理論の体系化も行われた（Ars Rhetorica）．このギリシアの修

辞学の伝統は後にはローマ人社会にも継承され，キケロやクウィンティリアヌスは修辞理論書を著した（Cicero, *De Inventione*；Ps. Cicero, *Rhetorica ad Herennium*；Quintilianus, *Institutio Oratoria*）．演説の基本的構成要素は，序論（προοίμιον [exordium]），叙述（διήγησις [narratio]），論証（πίστις [probatio]），結語（ἐπίλογος [peroratio/conclusio]）である（アリストテレス『弁論術（Ars Rhetorica）』1414b）．演説には，法廷演説（forensic speech），助言演説（deliberative speech），演示演説（epideictic speech）の三つの種類があり，それぞれが違った機能を果たしていた．新約聖書の修辞学的分析は，テキストを修辞的構成要素に分けてそれぞれの特色を分析すること，修辞的状況と修辞的内容の関係を分析すること，テキスト全体が修辞的ジャンルのどれに該当するのかを分析することを任務としている．

<＜参考文献＞>

Betz, H. D. "The Literary Composition and Function of Paul's Letter to the Galatians," *New Testament Studies* 21（1975）353‐379.

_____. *Galatians*（Hermeneia, Philadelphia：Fortress, 1979.

Kennedy, G. A. *The Art of Persuasion in Greece*. Princeton：Princeton University Press, 1963.

_____. *New Testament Interpretation through Rhetorical Criticism*. Chapel Hill, NC：University of North Carolina Press, 1984.

Porter, S. E.（ed）, *Handbook of Classical Rhetoric in the Hellenistic Period*, Leiden：Brill, 1997.

Watson, D. F. *Persuasive Artistry：Studies in New Testament Rhetoric in Honour of G. A. Kennedy*. JSNTSup 50. Sheffield：JSOT, 1990.

Watson, D. F. /A. J. Hester, *Rhetorical Criticism of the Bible*. Leiden：Brill, 1994.

Volkmann, R. *Die Rhetorik der Griechen und Römer in systematischer Übersicht*. Leipzig：Teubner, 1885；Nachdruk, Hildesheim：G. Olms, 1987.

Martin, J. *Antike Rhetorik：Technik und Methode*. Muenchen：Beck, 1974.

Lausberg, H. *Handbook of Literary Rhetoric：A Foundation for Literary Study*. trans. M. T. Bliss/ A. Jansen/ D. E. Orton. Leiden：Brill, 1998.

浅野楢英『論証のレトリック：古代ギリシャの言論の技術』講談社現代新書 1298, 1996年.

原口尚彰「パウロの伝道説教と弁論術：パウロと修辞学の関係への一視角」『新約学研究』第25号，1997年，1‐11頁.

同「修辞学の視点から見たペトロのペンテコステ説教（使2：14‐40)」『新約学研究』第26号，1998年，1‐12頁.

同「ペトロの神殿説教（使3：12‐26）の修辞学的分析」『ペディラヴィウム』第46号，1997年，1‐13頁.

同「祝福と呪いの言葉：ガラテヤ書の修辞学的分析」『新約学研究』第27号，1999年，17‐30頁.

同「申命記十戒の修辞学的分析」『基督教論集』第42号，1999年，1‐18頁.

同「申命記29‐30章の修辞学的分析」『聖和大学論集人文学系』第27B号，1999年，19‐30頁.

同「Ⅱコリント1：1‐11の書簡論的・修辞学的分析：書簡導入部に置かれた神の賛美の問題」『ペディラヴィウム』第52号，2002年，3‐16頁.

同「パウロ書簡と修辞法についての考察：ガラテヤ書3章1‐5節を中心として」『ヨーロッパ文化史研究』第3号，2001年，1‐35頁.

同「フィレモン1‐7の修辞学的分析」『基督教論集』第45号，2001年，35‐47頁.

同「使徒言行録の修辞学的研究（1）ペトロの伝道説教」『東北学院大学キリスト教文化研究所紀要』第20号，2002年，61‐100頁.

同「修辞法としての歴史」『東北学院論集　教会と神學』第35号，2002年，1‐35頁.

同「使徒言行録におけるペトロの弁明演説」『東北学院論集　教会と神學』第36号，2003年，15‐40頁.

山田耕太「使徒行伝のジャンル」『新約学研究』第20号，1992年，2‐17頁.

同「ルカ福音書の序文と修辞学的歴史」『新約学研究』第22号，1994年，53‐54頁.

同「ルカ福音書の序文と歴史叙述」『敬和学園大学研究紀要』第4号，1995年，1‐23頁.

同『新約聖書と修辞学』キリスト教図書出版，2003年.

第3章　マルコ福音書

序

　この章では，マルコ福音書の問題を取り上げて解説する．新約正典に出てくるマタイ，マルコという順序によらず，この福音書を共観福音書の最初に取り上げるのは，マルコ福音書が最初の福音書であり，他の二つの共観福音書がそれを手本にして書かれているからである．

第1節　内容構成

　マルコ福音書の内容構成は，以下の通りである．

1：1‐13　導入部：表題，洗礼者ヨハネの活動，イエスの受洗，荒野の誘惑
1：14‐8：26　イエスのガリラヤ宣教：神の支配の宣教，弟子の召し，譬え，癒し
8：27‐10：52　エルサレムへの旅：ペトロの信仰告白，山上の変貌，受難予告，服従の勧め
11：1‐13：57　エルサレムでの活動：入城，論争，小黙示録
14：1‐16：8　受難・復活物語

　(1) 16：9以下は，シナイ写本やバチカン写本等の最古の写本には伝えられていないので，本来のマルコ福音書には含まれておらず，後代の付加であると考えられる．
　(2) マルコ福音書は，物語の書き出しの部分に主人公であるイエスの誕生物語や幼少物語を含んでいない．また，物語の結びの部分には，空っぽな墓における天使によるイエスの復活の告知が記されているものの（16：1‐8），イエスの復活顕現の物語も含まれていない．マルコによる福音書は唐突に始まって，唐突に終わる印象を与える．

第2節　文学的・神学的特色

1．福音書というジャンル

　イエスの生涯とその言葉を記した福音書という文学ジャンルは，このマルコによる福音書によって生まれた．マルコ福音書の冒頭には，「（イエス・キリストの）福音（エウアンゲリオン）」という言葉が出てくるが，この段階ではエウアンゲリオン（εὐαγγέλιον）は，まだ福音書という文学ジャンルを表す言葉でなく，「良い知らせ」である宣教内容を表している．信仰告白伝承の中には，イエスの死と復活を内容とする「福音」を，短い要約記事の形で述べるものがある（ロマ1：3‐4；Iコリ15：3‐7）．しかし，この福音を福音書という一貫した物語の形にまとめたところにマルコ福音書の文学的貢献がある．マルコ福音書の刺激を受けて，マタイ福音書，ルカ福音書，ヨハネ福音書が書かれた．新約正典には含まれないが，ヤコブ原福音書やペトロ福音書，ニコデモ福音書等の外典福音書も書かれることとなった．尚，エウアンゲリオンというギリシア語を，福音書という意味で初めて使用したのは，2世紀のギリシア弁証家ユスティノスである（『第一弁明』1.66.3）．

　福音書記者マルコが単なる個々のイエスの言葉伝承や，短い信仰告白伝承を集積することに満足せず，福音書物語という文学形式を選んだことには理由がある．福音書物語に含まれている様々な言葉や出来事には具体的な場があり，弟子や群衆や律法学者や祭司や兵士や総督といった登場人物達が出てくる．読者である信徒達が住んでいる現実世界の中で，イエスが言葉を語り，行動し，最後に十字架に架かって死に，三日目に甦ったのである．福音書物語を読むことは，イエス・キリストの福音をより現実に近い形で追体験することである．読者はある場合は弟子達に自分を感情移入しながら，ある時には，群衆に自己同一させながら，イエスの言葉を聞き，ストーリーを追う．このことは信仰箇条を理解して知的同意を与えることとは異なり，知性と感情のすべてを動員して福音を追体験することである．マルコ福音書の神学は，何よりも物語性の上に成立する動的神学である．

　福音書はイエスの生涯と言葉についての物語であるにしても（ルカ1：1），同時代のどの物語のジャンル（例えば，伝記，小説，歴史物語他）に属するか

については議論がある．ドイツ語圏の学者たちは，マルコ福音書を物語の形をとったケリュグマと見る傾向が強い．この見解によれば，福音書は古典文学には他に類例がない，初期キリスト教特有の文学ジャンルであることになる．他方，英語圏の学者たちには，福音書をギリシア・ローマ世界の文学史の中に位置付け，伝記文学の一種であると見る見方が強い．

2．民衆の世界

(1) 言語的特色

マルコ福音書は，非常に素朴なギリシア語で書かれている．センテンスは短いし，使用される語彙も限られている．文法的には破格の文章も見受けられる．これらの特徴は，マルコ福音書が教養のある知識階級の言葉ではなく，民衆の視点から，民衆の言葉によって書かれた文書であることを示している．現存する古典古代の文書史料は，教養ある貴族階級の著者たちによって，貴族階級の視点から書かれており，当時の民衆の考えや感じ方を直接に知ることが出来る史料が，碑文史料やパピルス文献くらいであることからすると，マルコ福音書は 1 世紀の地中海世界の民衆の思想世界を知るための貴重な史料を提供していることが分かる．

(2) 癒しの問題

マルコ福音書が提示するキリスト教信仰の世界も，民間信仰の世界に非常に近い印象を与える．マルコ福音書はイエスを神の国の宣教者と理解すると同時に（マコ1：14 - 15），イエスがガリラヤの民衆の間で行った癒しの業を重視し，多くの奇跡物語を収録している（マコ1：23 - 28，29 - 31，32 - 34，39 - 45；2：1 - 12）．旧約聖書において癒しの話は，列王記下のエリヤ・エリシャ物語に民話風の説話として集中的に出てくるが，他のところではあまり多くない．周辺世界では，ヘレニズム世界に癒しを行う神の人（テイオス・アネール）の観念があり，フィラストラトスの『アポロニウス伝』にその典型例が見られる．マルコ福音書は，イエスの癒しの業を伝える奇跡物語を沢山採録しているが，異常現象である奇跡行為そのものよりも，イエスの言葉への信仰に焦点を移している．会堂司のヤイロに対して，イエスは娘の癒しに関してイエスを信じるように促している（マコ5：36）．イエスはまた，てんかんに悩む子を

持つ父親に対して，信じる者にはすべてが可能であることを告げ，父親は信じ
ると答えて子の癒しを受けている（9：23‐24）．

3．受難と復活

　他方，福音書記者マルコはイエスの受難と復活の出来事に注目し，生涯の最
後に起きた出来事の描写に最後の三つの章をあてている（マコ14：1‐16：
8）．マルコ福音書が，「長大な序文が付いた受難物語である」というM・ケー
ラーの指摘を待つまでもなく，この福音書における受難・復活物語の比重は大
きい．
　E・トロクメとその弟子田川建三は，本来のマルコ福音書は，13章で終わり
（13：37「目を覚ましていなさい」），14‐16章の受難物語を含んではいなかっ
たと主張している．史料的に言えば，1‐13章と14‐16章の記述の間には明ら
かな相違がある．前者では民衆はイエスの宣教に対して好意的であるのに対し
て，後者では民衆はユダヤ人指導者達と共に敵対的である．また，14‐16章の
受難物語には，全く別系統の史料に依拠するヨハネ18：1‐20：29に並行記事
があることから，福音書成立以前に既に受難・復活物語としてまとまった形に
なっていたことを推測させる．しかし，史料上の相違があるからといって直ち
に，マルコ福音書が元々13章で終わっていたという結論にはならない．異質
な史料群を結合して新しいイエス像を創り出したところに福音書記者マルコの
独創があるとも考えられるからである．福音書を子細に見ると，前半部と後半
部に共通に見られる主題もあり，福音書全体を一つの統一体にしようとする文
学的・神学的努力が認められる．例えば，「裂ける」という主題は，物語の初
めにある，イエスの受洗の際に「天が裂けて」霊が鳩のように降る場面の描写
と（マコ1：11），物語の大詰めにイエスが十字架に架けられて息を引き取った
際に，神殿の幕が裂ける場面に出てくる（15：38）．イエスが神の子であると
いう主題は，イエスの受洗の場面と（1：11），悪霊の言葉と（3：11），山上の
変貌の際の天からの声と（9：7），最高法院における大祭司の審問の言葉と
（14：61‐62），十字架を見守っていた百人隊長の言葉に（15：39）登場する．
　マルコは，ガリラヤにおけるイエスの言葉と業による活動の物語を，既に存
在していた受難物語と結合させて福音書物語を完成させたのであった．物語の
前半部と後半部を結びつけているのが，受難予告や（マコ8：31‐33；9：31‐

32；10：32 - 34），イエスが神の子であるという主題や（1：11；3：11；9：7；14：61 - 62；15：39），ガリラヤへ行けという指示（14：28；16：7）である．ガリラヤでのイエスの活動はその教えの新しさの故に既成の宗教指導者達との対立を招き，エルサレムでの数々の教理論争を経て（12：13 - 17，18 - 27，28 - 34），イエスがゲツセマネで逮捕され（14：32 - 52），二つの裁判にかけられ，十字架に架けられて処刑されたが（14：53 - 15：47），三日目に甦るという大団円を迎えた（16：1 - 8）．特に，十字架に架けられたイエスの姿を見て語った，百人隊長の「本当にこの人は神の子であった」という言葉が物語全体を総括している（15：39）．

　W・ヴレーデは『メシアの秘密』の中で，奇跡物語や受難予告の中においてイエスが悪霊や，癒された人や，弟子達に沈黙を守るように命じていることは（3：12；8：30；10：48），イエスの復活後の教会が自己の信仰と史的イエスとの間の連続性を主張するために挿入したテーマであるとしている．この仮説は一応の妥当性が認められるが，さらに，物語を読むという行為の中で，この沈黙命令が持つ意味を問わなければならない．神の子であるというイエスの素性は，超自然的存在であるサタンや悪霊には知られており（1：24；3：11；5：7），読者にもそのことは示されているが，物語に出てくる登場人物たちには明らかではない．また，奇跡行為がセンセイションを起こさないようにイエスは癒された人に沈黙を守るように命じる（3：12；5：43）．しかし，イエスの行った奇跡的業の噂は広がり，人々は驚嘆する（2：12；5：42）．物語の登場人物達にとって，イエスが一体誰なのかということが関心事になり，人々は様々に噂する（8：27 - 28）．この問いに対する決定的な答えが，「あなたはキリストです」（私訳）というシモン・ペトロの告白である（8：29）．しかし，神の子キリストの行く道が栄光の道ではなく，十字架へ向かう苦難の道であることを弟子達は理解しようとしない（8：31 - 33）．ここで，読者はイエスが苦難のメシアであることを開示され，自分たち自身も「自分の十字架を背負って従う」ことを要求されていることを知る（8：34 - 38）．

第3節　著者・読者と執筆事情

1．著者・読者（マルコ共同体）

　マルコ福音書の背後にある共同体は，おそらく異邦人信徒を中心にしており，安息日律法や（マコ2：23‐28；3：1‐5）清浄の律法（7：1‐13）を守っていなかった．マルコ福音書の執筆者も異邦人信徒であり，ギリシア語の質の低さからして，社会的身分はかなり低い層に属すると考えられる．著者がユダヤ人でなく異邦人であることは，聖書引用がマソラ本文ではなく，七十人訳から引用され，アラム語表現にはギリシア語訳が付されていることからも伺われる（5：41 タリタ，クム，7：11 コルバン，7：34 エッファタ，15：34 エロイ，エロイ，レマ，サバクタニ）．伝統的なペトロの通訳マルコ説は，後代に生まれた伝説であろう（Ⅰペト5：13；エウセビオス『教会史』3. 39. 15）．

　マルコ共同体は，既にユダヤ教の安息日律法や（マコ2：23‐28；3：1‐5）清浄の律法を（7：1‐13）遵守しておらず，ユダヤ教とは断絶していたと考えられる．強い終末意識を持ち（13：1‐13），終末がまだ来ていないのは，諸国民に悔い改めの機会を与えるためであるとして，世界伝道に従事していた（13：10）．マルコ共同体が異邦人伝道を視野に入れていたことは，イエスの宣教が時としてガリラヤを越えて，周辺地域のデカポリスや（5：1‐20），フェニキアのツロ出身の人々にも及んでいたと述べられていることからも推測される（7：24‐30）．そこでは，「この人は本当に神の子だった」と告白した百人隊長も，異邦人回心者の先取りと理解されたであろう（15：39）．

　イエス・キリストの福音を信じる者は，自分の十字架を背負って十字架の主に従って行くべく，招かれている（8：34‐38）．主に従う者は，この世では困難と苦難の内にあるが，来るべき世では，永遠の命を与えられることが約束されている（10：29‐31）．マルコ共同体に属する者たちは，福音のためにこの世とは厳しい断絶を経験しているだけに，自分たちは信仰を媒介とした神の家族であるという自己意識を持ち（3：31‐35），十二弟子によって代表される新しいイスラエルであるという自負を持っていた（3：14‐19）．

２．執筆時期

マルコ福音書の執筆時期については，13章にユダヤ戦争時の70年に起こったエルサレム陥落への言及があることから（13：14‐17），70年過ぎと推定する．

３．成立場所

伝統的には，ペトロの通訳マルコ説と結び付いて，ローマがペトロの殉教の地であることから，マルコ福音書の執筆場所であるとされて来た．しかし，通訳マルコ説がそもそも伝説であるし，ガリラヤという主題が物語で重要な役割を果たしていることから（14：28，16：7），ガリラヤの一都市と推定する．

＜参考文献＞

橋本滋男「マルコによる福音書」『総説新約聖書』日本基督教団出版局，1981年，112‐131頁．

廣石望「マルコによる福音書」『新版　総説新約聖書』日本基督教団出版局，2003年，56‐87頁．

川島貞雄『マルコによる福音書―十字架への道イエス』日本基督教団出版局，1996年．

同「マルコによる福音書」『新共同訳新約聖書注解』日本基督教団出版局，1991年，166‐259頁．

田川建三『マルコによる福音書上巻』新教出版社，1967年．

同『原始キリスト教史の一断面』頸草書房，1968年．

荒井献『イエス・キリスト上下』講談社学術文庫1467‐68，2001年．

大貫隆『マルコによる福音書第一巻』日本基督教団宣教委員会，1993年．

同『福音書と伝記文学』岩波書店，1996年．

Rhodes, D. *Mark as Story*. Philadelphia：Fortress, 1981.

第4章　マタイ福音書

第1節　内容構成

マタイ福音書の内容構成は，以下の通りである．

- 1：1-4：11　導入部：系図，降誕・幼少物語，洗礼者ヨハネ，イエスの受洗，悪魔の試み
- 4：12-16：12　ガリラヤ宣教：宣教の初め，山上の説教，いやし，弟子の派遣，たとえ話，安息日論争，汚れ論争
- 16：13-20：34　エルサレムへ向かうイエス：キリスト告白，受難予告，服従の勧め，教会戒規，罪の赦し，幼子の祝福，神殿税，離婚論争
- 21：1-27：66　エルサレムでのイエスの活動：入城，宮清め，枯れたイチジク，権威論争，税金論争，復活論争，最も大切な戒め，律法学者・ファリサイ派批判，終末の教え，再臨についてのたとえ，ベタニアでの油注ぎ，最後の晩餐，逮捕，二重の裁判，処刑と埋葬
- 28：1-20　復活顕現の物語：空虚な墓，大宣教令

第2節　文学的・神学的特色

　1．この福音書には，言語的にマルコ福音書よりも洗練されたギリシア語が使用されている．マタイが用いる言語表現は，しばしば定型的であり（例えば，5：3-12 幸いの教え，5：21-48 反対命題，23：13-36 災いの宣言，旧約聖書の引用定式その他），典礼的な背景を感じさせる．

　2．史料的に言えば，マタイ福音書はマルコ資料の随所に語録資料（Q）や（マタ4：1-11；6：9-13；6：25-34他）マタイ特殊資料（マタ1：1-2：23；5：13-14；5：21-47；7：7-12；7：24-27；20：1-16；23：1-36；28：16-20他）に由来する，イエスの言葉伝承を加えて拡張している．マタイ福音

書はマルコ福音書の物語の構成を基本的には受け入れているが，初めに誕生・幼少物語を加え（1‐2章），さらには，終わりのところに復活顕現物語（大宣教令）を付け加えて，物語としての完結性を高めている（このことはルカ福音書にも共通している）．異常な出生を語る幼少物語や主人公が行う演説が重要な役割を演じている点など，ヘレニズムの伝記に並行する点があるが，旧約聖書の歴史記述にも似ている．この福音書物語は主人公であるイエスの系図で始まり（マタ1：1‐18），復活の主が発した宣教令で終わる（28：16‐20）マタイ福音書は，イスラエルの父祖達の系図と（代上1：1‐8：40），ペルシア皇帝キュロスの神殿再建許可令（代下36：22‐23）で終わる歴代誌上下の構造に近似している．

3．マタイの編集は主題毎に大きなブロックを作ることを一つの特色とする．イエスの言葉はまとめられて六つの大きな説教となっている（5‐7章 山上の説教，10章 弟子たちの宣教派遣の説教，13章 たとえによる説教，18章 教会についての説教，23章 律法学者とファリサイ派の批判の説教，24‐25章 終末についての説教）．これらの説教の多くは，「イエスがこれらの言葉を語り終える」という句で結ばれる（マタ7：28；11：1；13：53；19：1；26：1）．マタイ福音書は全体として物語であるが，六つの大きな説教のブロックの挿入によって，教えの性格が強くなっている．

4．物語全体を貫く囲い込み構造が全体に統一性を与えている．例えば，「神共に在す（インマヌエル）」という主題は，マタイ福音書冒頭の1：23と，物語半ばの18：20と，物語の結びの28：20に出てくる．また，「回心せよ，天国は近づいた」という宣教の言葉は，洗礼者ヨハネの宣教にも（3：2），イエスの宣教にも（4：17），弟子たちの宣教にも（10：7）出てくる．「洗礼を施す」主題は，物語の初めと（3：1‐12），終わりに（28：19）出てくる．イエスが神の「愛する子」であるという主題は，冒頭のイエスの受洗の場面と（3：17），中間の山上の変貌の出来事の場面において（17：5），天からの声によって告知されている．

5．旧約聖書の箇所が成就引用を伴って引用される．「これらのことが起こ

ったのは，主が預言者によって言われたことの成就するためである」（マタ1：
22‐23；2：15，17，23；4：14；12：17；13：35；21：4；27：9）．この引用
の仕方は，死海写本のペシェルと呼ばれる旧約引用法に並行しており，旧約聖
書のテキストの終末的現在化という性格を持つ．イエスの行動の説明としてこ
れらの引用がなされている．このイエスにおける預言の成就は，教えにおける
預言の成就と対をなしている（5：17‐20を参照）．マタイの教会の中の律法学
者たちが編集した証言集（Testimonia）が存在しているのであろう（K.
Stendahl）．

　6．マタイ福音書の神学はQの神学と親近性がある．マタイはマルコ福音書
のストーリーを基本的に継承したが，Q資料とマタイ特殊資料（M）から多く
のイエス語録を採用したので，全体としては教えの要素が非常に強くなってい
る．マタイにとり，旧約聖書の律法は神の聖なる意思の啓示であり，文字通り
に実践されなければならない．イエスは律法を廃するのではなく，成就するた
めにやって来たのだった（マタ5：17‐19）．信徒たちはファリサイ派や律法学
者たちの義に優る義を行うことが求められる（5：20）．この点はキリストを
「律法の終わり」（ロマ10：4）と考えたパウロと決定的に違うところである．
マタイにとっても律法の根本精神は愛であり，神への愛と人への愛に生きるこ
とが要求される（マタ7：12；22：34‐40）．しかし，マタイは愛の精神をさら
に徹底し，敵をも愛することが主の要求であるとする（5：43‐48）．
　マタイ共同体は最初はユダヤ人信徒の共同体として出発したと考えられるが
（「イスラエルの家の失われた羊」10：6；15：24を参照），次第に宣教の対象を
ユダヤ人だけでなく異邦人にまで広げ，異邦人信徒をも共同体の中に含むに至
った（28：16‐20）．この共同体はユダヤ教的要素をまだ色濃く残している
が，既に正統ユダヤ教のシナゴーグからは離別していた（「彼らのシナゴー
グ」10：17；12：9；13：54；さらに，「あなた方のシナゴーグ」23：6，34を
参照）．このために非常にユダヤ教的でありながら，同時代のユダヤ教指導者
への極めて厳しい批判が見られる（マタ6：1‐13；23：1‐33）．批判の中心は
彼らが敬虔な行為を神に対して誠心誠意行っているのではなく，他人に見せて
賞賛を得るために行っている偽善者であるということにある（6：5，16；15：
7；23：13，15，23，25，27，29）．マタイによるとイエスは敬虔な行いを人に

見せるためでなく，いつも見守っている天の父の前で行えと勧める（6：1 -
4）．倫理的行いをする動機は，神の前（Coram Deo）に相応しいことを行う
ということである．

　　7．マタイはキリストの死からの復活を前提にしている．イエスの弟子たち
に宣教令を与えたのは復活のキリストである（マタ28：16 - 20；さらに，ルカ
24：44 - 49も参照）．イエス・キリストは過去の地上の生涯において福音書の
物語に出てくる過去の人物たちと共にいただけでなく（マタ1：23），復活の主
（κύριος）として物語の読者であるマタイ共同体の信徒たちと共におり（18：
20；28：16 - 20），彼らに語りかけている．読者は物語中の「弟子たち」と自
分たちを同視し，彼らに与えられた言葉を自分たちに与えられた言葉として読
むのである．
　　マタイは福音書の中では最も発達した教会論を示す．福音書の中で「教会
（ἐκκλησία）」という言葉を使用しているのはマタイだけである（マタ16：
18；18：17）．神は教会に世界宣教の務めを与えると共に（28：16 - 20），「天
国の鍵」を託し，罪の赦しの宣言をする権威を与えている（16：19；さらに，
18：18も参照）．しかし，この教会に属する信徒たちは常に罪を犯す危険にさ
らされており，罪を犯した者の悔い改め（18：12 - 14）と会員相互の赦しの重
要性が強調される一方で（18：21 - 22），どうしても罪を認めない者の除名の
規定を持っている（18：15 - 18）．

　　8．この福音書においては，キリスト者であることは，イエスの弟子である
ことと捉えられ（10：42；16：24；28：19），自分の十字架を背負って主に従
うことが勧められていた（16：24 - 28）．教会にはまだ職階性は見られず，会
員たちはすべて兄弟であり，先生と呼ばれるのはキリストだけであった（23：
8 - 10）．マタイは会員たちが犯す罪の問題を重要視しており，相互に赦しを与
え（6：12；18：21 - 35），迷った信徒を追い求める神の愛が強調されている
（18：1 - 14）．罪を犯して諫められても悔い改めない会員への除名の手続きが
定められているが，その決定は教会の集会であり，特定の地位にある指導者で
はない（18：15 - 20）．しかし，最終的な裁きはキリストの再臨の時の終末の
裁きに委ねられている（13：24 - 30, 47 - 50）．

第3節 著者・読者と執筆事情

1．著者・読者（マタイ共同体）

この福音書の神学が律法を遵守することを支持していることや（マタ5：17‐20），行いの重要性を強調していることや（6：1；7：15‐23，24‐27），ユダヤ教の慣習に通じていることから（6章と23章を参照），著者はユダヤ人信徒であると考えられる．

マタイによる福音書はイエスの物語であると同時に，著者と読者の教会の物語である．この物語から，マタイの教会の歴史と，読者たちの現在の状況への語り掛けを読み取ることが出来る（編集史的方法の関心）．この福音書の読者であるマタイの教会は，ユダヤ戦争時のエルサレムの破壊を前提とし，それをイエスを死刑にしたことへの神の罰と見ている（マタ22：7；23：37‐39）．マタイの教会は，専らユダヤ人に伝道するユダヤ人教会から始まって，次第に異邦人伝道を中心とする教会へ移行してきた共同体である．このことは，マタイ福音書の物語では，イエスの時代は宣教はユダヤ人に対してなされたが（10：5‐6；15：24），復活後の教会は異邦人を主として対象とする世界伝道に向かうという形で表現されている（22：10，43；24：14；28：16‐20）．他方，この教会はユダヤ教的要素を多分に残しており，まだ安息日を守り（12：1‐15；24：20），義を行い（6：1；7：15‐23，24‐27），律法を成就することを目指していた（5：17‐20）．彼らの指導者は預言者，知者，律法学者と呼ばれ，巡回伝道に従事していた（5：12；10：41；23：34）．彼らに対して援助した者は終末の裁きの際の報いが約束されている（10：40‐42；25：31‐46）．ユダヤ戦争後のユダヤ教とユダヤ人社会の再建過程の中心となったラビ・ユダヤ教とは厳しい対立関係に立っている（5：17‐20；6：1‐18；23：1‐36）．

2．執筆時期

この福音書が，ユダヤ戦争時のエルサレムの破壊を前提としていることと（マタ22：7；23：37‐38），70年頃に成立したマルコ福音書を史料として用いていることから，80‐90年頃に書かれたと推定される．

３．成立場所

この福音書においてシリアへの特別な言及がなされ（マタ4：24），マタイの教会はシリアにあったと推定される（U・ルツ，小河陽）．シリアはパレスチナに接しており，ラビ・ユダヤ教との接触対立も可能な地理的位置にあった．教会戒規を内容とし，多くの点でマタイ福音書と接点を持つディダケーもシリアの教会に由来すると考えられている．ディダケーはマタイ福音書を前提としている（ディダケー1：3とマタ5：44, 46，ディダケー1：4とマタ5：39 - 40，ディダケー8：2 - 3とマタ6：9 - 15を比較せよ）．さらに，アンティオキアの司教イグナチオスの書簡にはマタイからの引用が見られる（イグ・スミ1：1＝マタ3：15，イグ・フィラ3：1＝マタ15：13）．また，マタイの教会の宣教活動の中心は都市であった（マタ10：23）．

<参考文献>

橋本滋男「マタイによる福音書」『総説新約聖書』日本基督教団出版局，1981年，132 - 148頁．

荒井献『イエス・キリスト上』講談社，2001年，143 - 168頁．

小河陽『マタイによる福音書—旧約の完成者イエス』日本基督教団出版局，1996年．

同『マタイ福音書神学の研究』教文館，1984年．

同「マタイによる福音書」『新版　総説新約聖書』日本基督教団出版局，2003年，88 - 108頁．

E・シュヴァイツァー（佐竹明訳）『マタイによる福音書』NTD新約聖書註解刊行会，1978年．

U・ルツ（原口尚彰訳）『マタイの神学—イエス物語としてのマタイ福音書』教文館，1996年．

原口尚彰「マタイによる福音書」，大貫隆編『アエラムック　新約聖書がわかる』朝日新聞社，1998年．

第5章　ルカ福音書

第1節　内容構成

ルカ福音書の内容構成は，下記の通りとなる．

1：1-4　序文
1：5-2：52　誕生・幼少物語
3：1-4：13　洗礼者ヨハネとイエスの宣教の準備
4：14-9：50　ガリラヤ宣教（6：20-8：3小挿入）
9：51-19：27　エルサレムへの旅（大挿入）
19：28-21：38　エルサレムでの活動：論争
22：1-23：56　受難と埋葬
24：1-53　復活顕現・昇天物語

　著者は序文（1：1-4）によって執筆目的を明らかにし，展開される物語の読み方についての示唆を読者に与えている（書かれている出来事の信頼性を確認する）．この物語はマルコ福音書のストーリーの枠組みに誕生・幼少物語を付加（1：5-2：52）しているので，伝記としての性格はマルコよりも強い．エルサレムやその周辺での復活顕現の伝承を加え，復活のイエスの聖霊降臨の約束（24：44-49）とイエスの昇天物語を加えている（24：50-53）．

　物語はエルサレム（特に神殿）で始まり（誕生・幼少物語），エルサレムで終わる（復活顕現物語）．エルサレムという場所がことさらに強調されているのは，この都がイスラエルの救済史上特別な位置を占め，救いの出来事が展開される特別な場所となっているからである．

　福音書記者ルカは，マルコ資料からマコ6：45-8：26（海上歩行，ゲネサレトでの癒し，清め論争，シリア・フェニキアの女性の娘の癒し，耳が聞こえず口がきけない人の癒し，4000人の給食，天からのしるし，ファリサイ派とヘロデのパン種）の部分を省略している．他方，ルカはQ資料と特殊資料から採用

したイエスの言葉伝承群を（ルカ6：20‐8：3），マルコから継承したイエスの物語に付け加えている（小挿入）．この部分には，マタイ福音書7‐9章に並行する平野の説教を含んでいる（ルカ6：20‐49）．ルカはさらに，エルサレムへの旅の部分（大挿入）を加えて，Q資料と特殊資料から採用したイエスの言葉伝承を数多く配している（9：51‐19：27）．ルカの描くイエス像は「旅空に歩むイエス」（三好）という側面を持っている．大挿入の部分はイエスがエルサレムでの苦難と復活へと向かうという設定であるが（13：32‐34を参照），イエスの弟子たちへの勧め（11：1‐13；18：1‐8 祈り；12：13‐21 富の問題；12：22‐34；17：22‐37 食べる物と着る物と天の宝）や，説話（10：25‐37 良いサマリア人の喩え；10：38‐42 マルタとマリア；15：1‐7，8‐10，11‐32 悔い改めの三つの喩え）を通して読者の現在の状況への語り掛けになっている．イエスが旅人であったように，読者である信仰者たちもこの世では旅人であり，神の御言葉に耳を傾け，様々な試練に打ち勝って信仰の道を守り，隣人愛を実践しながら信仰の旅を続けるという信徒の理想像がここには見られる．

第2節　文学的・神学的特色

　1．友人への献辞という形の序文を持ち（ルカ1：1‐4；使1：1‐2），著者の執筆意図を明らかにしている．これはギリシア・ローマ社会の歴史記述に倣っている（ヘロドトス，ツキディデス）．ルカはイエスの生涯の出来事を自ら体験した目撃者ではない．直接の目撃者は第1世代の「御言葉の奉仕者」たる使徒達である（ルカ1：1‐2）．しかも，ルカの前には既に使徒達の証言を集めて一貫した物語を書き綴った人々がいたことを，ルカ自身が明確に述べている（ルカ1：1‐2）．ルカがここで念頭に置いているのは，マルコ福音書とQ資料であろう．ルカはキリスト教第3世代に属する歴史家として，イエスに関する資料を集めて検討を加えて，「順序正しく」記述し（1：3），耳にしている出来事が「安全・確実であるように」しようとしている．ヘレニズムの歴史記述では，歴史家自身が歴史的出来事を体験した生き証人であることが，歴史記述に信頼性を与える一要素とされているが，ルカは史的出来事の目撃者の証言を伝承を通して保存していることを強調して，自らの記述の信頼性を主張してい

る．

　但し，ヘレニズムの歴史記述とルカの歴史記述との間には相違も見られる．前者が人間の歴史の法則を調べて，後代への教訓とするのにたいして，後者の関心はイエス・キリストの福音の真実性の弁証にある．また，前者が人間の歴史内の因果関係を調べているのに対して，後者においては神，天使，聖霊という超越的力が歴史を進行させる原動力になっている．さらに，前者が歴史は繰り返されるとする円環的時間観に立っているのに対して，後者は歴史は繰り返されず，天地創造から，イスラエルの時（律法と預言の時），イエスの時，教会の時を経て終末へと向かうとする直線的時間観に立っている．神の救いの約束が，イスラエルの歴史，イエスの歴史，教会の歴史を経て実現していく救いの歴史を描写するのが，ルカの関心事である（H. Conzelmann）．ルカの救済史の神学は，終末の遅延という事態への答となっている．終末待望は捨てられないが，終末は遠い未来に到来し，その前に長い教会の時が存在するのである．

　第 3 世代の教会に属するルカにとって，イエスの時は既に過去に属する．イエスの時は謂わば主と共なる聖なる時であって，イエスに従って宣教に従事する者たちはたとえ無防備であっても安全が守られていた（ルカ 9 : 1 - 6, 10 : 1 - 16）．しかし，イエスの時は過ぎ去り，教会の時になると，旅の危険は大きく，宣教者達は財布と自衛のための剣を携行するように勧められている（ルカ 22 : 35 - 38）．

　2．ルカ福音書と使徒言行録は，同一著者による連作の第 1 巻と第 2 巻の関係にある（使 1 : 1）．ルカ福音書の部分は，叙述の枠組みはマルコ福音書を継承してイエス物語の形態をとっているが，降誕・幼少物語（1 - 2 章）と復活顕現・昇天物語（24 章）を加え，よりヘレニズムの伝記に近くなっている．使徒言行録の部分は，聖霊の力を受けて福音の証しが，エルサレムに始まって地中海地域を経てローマへ至る，宣教の歴史を述べている．聖霊の働きは救済史上の三つの時の間に継続性を与えている．

　福音書記者ルカは，イエスの降誕の出来事を記すにあたって，皇帝アゥグストゥスの勅令とシリア総督キリニウスの下での人口調査に言及する（ルカ 2 : 1 - 2）．アゥグストゥスもキリニウスも実在の歴史的人物であり，特に，アゥグストゥスはローマ帝政の開祖であり，ローマの平和を創り出した世界史の担

い手である．ルカはローマ帝国の東端に位置する，ユダヤのベツレヘムの家畜
小屋で起きた，イエスの誕生の出来事が救い主誕生の出来事として世界史的出
来事であると主張しているのである．同様に，洗礼者ヨハネの宣教の開始につ
いてルカは，「皇帝ティベリウスの治世の第15年，ポンティオ・ピラトがユダ
ヤの総督，ヘロデがガリラヤの領主，その兄弟フィリポがイトラヤとトラコン
地方の領主，リサニアがアビレネの領主，アンナスとカイアファとが大祭司で
あった時，神の言葉が荒れ野でザカリアの子ヨハネに降った」と述べる（ルカ
3：1‐2）．この記述は，イエスの宣教の先駆けであり，イスラエルの時の最後
に位置する洗礼者の宣教も世界史的出来事であると主張している．

　但し，ローマの歴史家達の記述を見ると，タキトゥスにしてもスエトニウス
にしても，皇帝アウグストゥスの治世の記述の中にイエスの誕生の出来事への
言及はない．キリストへの言及がローマの歴史書においてなされるのは，タキ
トゥス『年代記』15・44においてである．タキトゥスはネロの治世に起こった
ローマの大火の出来事に言及し，ネロが自分の放火の責任をキリスト教徒に転
嫁したことを記している．タキトゥスはローマのキリスト教徒について，「日
頃から忌わしい行為で世人から恨み憎まれ，『クリストゥス信奉者』と呼ばれ
ていた者たちである．この一派の呼び名となったクリストゥスなる者は，ティ
ベリウスの治世下に，元首属吏ポンティウス・ピラトゥスによって処刑されて
いた」と述べる（国原吉之助訳『年代記（下）』岩波文庫408‐3，1981年，269
頁より引用）．ローマの支配階級の人々の目には，キリスト教はいかがわしい
迷信と映っており，イエスの誕生が救い主誕生の世界史的出来事と主張するル
カとは，大きな隔たりがある．

　洗礼者ヨハネの宣教についても，ローマの歴史記述には言及がなく，ユダヤ
人歴史家ヨセフスによるヘロデ・アンティパスに関する記述の中に言及がある
のみである（『ユダヤ古代誌』18.116‐118）．洗礼者の活動は，ユダヤ人歴史
家やキリスト教歴史家にとっては重要な出来事と評価されたが，ヘレニズムの
歴史家達にとっては世界史全体に影響を与える出来事ではなかったのである．

3．キリスト論
　ルカ福音書はイエスを神の子（ルカ1：35；4：1, 9, 41；22：70；「愛する
子」3：13；9：35；「いと高き者の子」1：32；「自分の父の家」2：49），油注

がれた者＝キリスト（2：11；23：35；24：25，46），救い主（2：11）と呼んでいる．「油注がれた者」（サム上2：10；16：6；詩2：2）は，旧約以来の伝統では，王を意味する呼称であり，初期ユダヤ教では王国を復興し，イスラエルを救う救済者を指していた．ルカによるとイエスはイスラエルのメシア待望を成就する者である．これに対して，「救い主（σωτήρ）」という言葉はヘレニズム起源の言葉であり，主に武勲によって国難を救った政治権力者を讃える言葉である．ローマ帝国では皇帝が救い主・平和の保証としているのに対して，ルカはダビデの町に生まれた幼子イエスが平和を来らす救い主であるとしている（ルカ2：11）．しかも，より古い伝承では終末時に到来するキリストが救い主として待望されているのに対して（フィリ3：20；Iテサ1：10を参照），イエスの誕生が救い主の誕生（ルカ2：11）であるとするルカの立場は，救いの現在性を強調している．

　他方イエスは，エルサレムで苦難を受け死ななければならない運命にあり，そのことは神の定めた計画であり，イエスはそれに服従する（「……しなければならない（δεῖ）」9：22；17：25；22：37；24：7，26，44）．イエスの受難は旧約聖書の預言の成就である（ルカ24：26，44；使3：18）．イエスの歴史の決定要因は神の意志である．

　復活顕現・昇天物語は（ルカ24：1-53），復活のキリストが弟子たちに，上からの力を受けるまでエルサレムの都に留まっていなさいという指示を与え，弟子たちがそれに従うところで終わる．この結びの内容はルカ文書の第2巻である使徒言行録の1-2章の展開を先取りし，示唆している．

4．聖霊の働きの強調

　神の霊＝聖霊の働きもルカ福音書の重要な主題である．救済史の進行にあたって超越的力の介入が決定的な要因となっており，ここが一般的な歴史記述とは異なる点である．洗礼者ヨハネは母の胎内にある時から既に聖霊に満たされている（ルカ1：15）．マリアは聖霊によってイエスを身ごもった（1：31）．イエスは公の活動を始める以前に，ヨハネのもとで洗礼を受けたときに聖霊を受領した（3：22；4：1）．そのガリラヤ宣教の中心は，聖霊の力に満たされて福音を語り，苦しんでいる人々に解放を与えることであった（4：14-15，18-19；7：21-23；使10：36-38）．イエスの弟子たちも宣教派遣の際に，宣教

し，いやしを与える力を与えられているが（ルカ9：1‐2；10：11, 17‐20），完全な形で聖霊が彼らに下るのは，イエスの復活・昇天の後の五旬節の時である（24：46‐49；使1：5；2：1‐4）．ルカ福音書にイエスの昇天の出来事が記されているのは，イエスが昇天して神のもとから聖霊を送るという理解が存在しているからである（ヨハ14‐15章を参照）．

　聖霊の力によって弟子たちは宣教の言葉を語り（使2：4‐42），いやしを行った（使2：43）．初代教会の宣教者たちは，聖霊に満たされて，説教といやしを行う指導者である（使3：1‐26；11：24；13：1‐12）．しかも，彼らの宣教の言葉を受け入れた異邦人信徒にも，聖霊が下った（使10：44‐48；11：15‐18；ガラ3：1‐5；4：6）．宣教といやしに働く霊の力を強調するのは，ヘレニズム教会の宣教の特色である（マコ16：15‐18；ロマ15：19；Ⅱコリ12：12；Ⅰテサ1：5を参照）．

第3節　著者・読者と執筆事情

1．著者・読者（ルカ共同体）

　この福音書の序文（1：1‐4）が示すように，著者は第3世代に属する信徒であり，先行する著作（マルコ福音書）や資料（Qとルカ特殊資料）を用いて福音書と初代教会の歴史を記述した歴史家であった．ギリシア語の質の高さや，ギリシア・ローマ世界の歴史記述の手法に通じているので，著者は比較的社会層の高い，教養のある異邦人であろう．また著者は旧約聖書七十人訳やユダヤ教の習慣に詳しかった（特に1‐2章を見よ）．この福音書の著者がパウロの同伴者，医者ルカ（フィレ24；コロ4：14；Ⅱテモ4：11）であるという教父伝承は（エイレナイオス『異端反駁』3. 11；エウセビオス『教会史』5. 8. 3）二次的であり，史的信憑性に乏しい．

　想定されている読者層は，福音書記者ルカの属する教会の信徒とギリシア・ローマ世界の知識層であろう．ルカの教会には，ある程度資産を持つ層がおり（使16：14‐15；17：5‐9, 12, 34；18：7‐8），彼らに対しては施しや（ルカ19：1‐10），財産によって教会の宣教に奉仕することが勧められる（ルカ8：3；使2：43‐45；4：32‐35）．ルカの教会は既に異邦人伝道に従事しており，復活の主は聖霊降臨の約束と世界伝道の務めを告げる（ルカ24：47‐49；使

1：8；3：26)．宣教はまずユダヤ人の人々に対してなされるが，彼らの拒否によって異邦人へと向けられる（使13：44‑49)．読者達が属する教会には異邦人回心者の存在することが，前提されている（使10：24‑43；15：1‑30；16：14‑15，40；17：34；18：8)．またルカの教会では，経済力を通して宣教を助ける教会のスポンサー的な役割や（ルカ8：3；10：38‑42；23：49；使16：14‑15；17：34)，宣教者としての役割を果たしていた女性達がいたことが窺われる（使18：2，26；21：9)．

　序文の献辞の名宛人になっているテオフィロ（「神の友」）という人物が（ルカ1：1‑4；使1：1‑2)，実在の人物であるか，それとも，文学的な仮構であるのかは判断の材料となるような史料がなく，よく分からない．いずれにしても，この人物像は身分が高く，教養のある異邦人である．ルカ福音書の著者は，異邦人世界の教養層に対して，イエス・キリストの福音が信ずるに足るものであることを，ルカ福音書と使徒言行録という連作によって示そうとしている．異邦人世界の教養層に相手にされるために，ギリシア・ローマ社会の歴史記述に倣った歴史を書く必要があったし，キリスト教がローマ帝国に対して危険なものではないことを示す必要があった．ルカ福音書や使徒言行録は，イエスの十字架の責任をローマ人よりもむしろユダヤ人達に負わせる傾向がある（ルカ20：21‑24；23：1‑25；使2：36；4：10‑12；7：51‑53)．ルカ福音書や使徒言行録は，また，異邦人世界で地位のある者の中に，キリスト教に好意を持つ者があることを物語の様々なところで語っている（ルカ7：1‑10；23：47；使10：1‑48)．

　2．執筆時期

　ルカ福音書の著者は，ユダヤ戦争の時にエルサレムがローマ軍に包囲されて陥落した出来事を知っているし（ルカ19：41‑46；21：20‑24)，紀元70年頃に書かれたマルコ福音書を資料として用いている．しかも，マルコよりも終末期待は後退する一方，選任された長老が各個教会を指導する体制が整っており，教会の制度化は進んでいるので（使14：23；20：17，28)，70年からは少し時間的な隔たりがある紀元80‑90年頃と推定する．

３．成立場所

　ギリシア語の質の高さや，著者がギリシア・ローマ文化の教育をある程度受けていること，また，パレスチナの地理には詳しくないことなどを考えると，この福音書は地中海世界の東部の都市の一つで書かれたと推定される．

＜参考文献＞

橋本滋男「ルカによる福音書」『総説新約聖書』日本基督教団出版局，1981年，148‐167頁．

荒井献『イエス・キリスト上』講談社学術文庫，2001年，169‐197頁．

三好迪『ルカによる福音書―旅空に歩むイエス』日本基督教団出版局，1996年．

H・コンツェルマン（田川建三訳）『時の中心』日本基督教団出版局，1976年．

C・タルバート（加山宏路訳）『ルカ福音書の構造』日本基督教団出版局，1980年．

加山久夫『ルカの神学と表現』教文館，1997年．

第6章　使徒言行録

序

　ルカ福音書と使徒言行録は，同一著者による連作物語の第1巻と第2巻という関係にあるので（使1：1），正典の順序であるヨハネ福音書，使徒言行録という順序を変えて，使徒言行録をルカ福音書に続けて取り扱うことにする．

第1節　内容構成

　使徒言行録の内容構成は，下記の通りとなる．

1：1-11　導入部
　1：1-2　序文：テオフィロへの献辞
　1：3-11　復活顕現と聖霊降臨の約束
1：12-5：42　最初期の教会
　1：12-26　マティアの選任
　2：1-47　聖霊降臨とペトロの説教
　3：1-26　ペトロによる癒しと神殿説教
　4：1-31　ペトロとヨハネの逮捕，最高法院での裁判，釈放
　4：32-5：11　エルサレムの信徒達（祈り，財産の共有，癒し）
　5：12-42　使徒達の神殿での宣教活動，最高法院での裁判と釈放
6：1-9：31　ヘレニストの迫害と福音の広がり
　6：1-7　ヘレニストとヘブライスト
　6：8-8：1　ステファノの殉教
　8：2-40　エルサレム教会への迫害とサマリア宣教
　9：1-31　サウロの回心
9：32-11：18　ペトロの宣教
　9：32-43　ペトロの巡回説教

第2節　資料と編集

　連作ルカ福音書・使徒言行録の第1巻であるルカ福音書が，マルコ福音書と語録資料といったまとまった文書資料を下敷きにしていたのに対して，使徒言行録はそのようなまとまった文書資料を前提にしておらず，雑多な資料を著者が一定の執筆意図に従って意味ある全体への纏め上げている．そのために作品の出来上がりが，ルカ福音書よりもギリシア・ローマの歴史記述に近づいている．マルコ福音書のような原本（Vorlage）がないということは，著者が自分の文学的・神学的意匠をより自由に表明出来るということを意味している．他方，共観福音書のようにマルコ原本との比較が出来ないので，個々の箇所における資料と編集の判定は簡単ではない．

　但し，パウロの第1，第2，第3宣教旅行のルートについては，著者の創作ではなく，何らかの書かれた資料があったと推測される．但し，M・ディベリウスは，宣教旅行に同行した者の手になる旅行日誌を想定したが，旅行ルート

に関する資料が果たして旅行日誌の形をとっていたかどうかはっきりしない.

第3節　文学・神学的特色

　1．この著作は，第1巻のルカ福音書と同様に（ルカ1：1‐4），献辞という形の序文を持ち（使1：1‐2），著者の執筆意図を明らかにしている．神の救いの約束が，イスラエルの歴史，イエスの歴史，教会の歴史を経て実現していく救いの歴史を描写するのが，連作ルカ福音書・使徒言行録の関心事であるが，使徒言行録の部分は，聖霊の力を受けて福音の証しが，エルサレムに始まって地中海地域を経てローマへ至る，教会の宣教の歴史を述べている．即ち，復活の証人である使徒達の宣教は，エルサレムに始まり（使2：1‐8：1a），ヘレニスト達に対する迫害を契機に（8：1b‐3），サマリア（8：4‐40；9：31），フェニキア（11：19），シリア（9：19‐29；11：19‐30）に至る．さらには，パウロの3度の宣教旅行を通して福音宣教は，キプロスに始まり（13：4‐13），小アジアから（12：25‐14：28），ギリシア本土へと展開される（15：36‐18：22；18：23‐21：16）．パウロの足跡に従い，福音宣教の営みはエルサレムと（21：17‐23：11）カイサリアを経て（23：12‐26：32），ローマへ（28：16‐31）と至る．

　イエスの言葉にも業にも力があったように（ルカ24：19；使10：38），聖霊を受けた初代教会の宣教者たちは，言葉にも業にも力があったとされている（使2：1‐41；3：1‐26；4：1‐22；14：1‐20；19：8‐20）．物語の前半部は，ペトロ，フィリポ，ステファノらの宣教活動が描かれ（使2：1‐11：18），後半部では主としてパウロの宣教活動が描かれている（11：19‐28：31）．この歴史記述は人物中心の歴史物語の形をとっている．

　2．古典古代の歴史記述は，現代の歴史家が与える歴史記述と異なり，必ずしも史実を忠実に再現することを目指していない．歴史記述は建徳的な目的をもってなされる修辞法の一つであった．既に前1世紀にローマで活動した修辞家ハリカルナッソスのディオニュシオスは，当時の歴史記述に対して修辞的視点から価値評価を加えている（『ポンペイウス宛書簡』3.2；『ローマ古代誌』1.1.3；1.2.1）．連作ルカ福音書・使徒言行録の執筆目的が，イエスに関する

資料を集めて検討を加えて,「順序正しく」記述し（使1：3）, 耳にしている出来事が「安全・確実であるように」することにあるならば, 歴史物語を書くにあたって, 資料の中から執筆目的に合うものを取捨選択したり, 資料に加筆をして所定の修辞的効果を上げようとすることも自然なことである. 従って, 使徒言行録が描写する歴史物語は, 最初期の教会の歩みのすべてではないし, 述べられている事柄も客観的な事実の報告とは限らず, 解釈を交えた描写の性格を持つ. 例えば, 宣教者としてのパウロの生涯を知る資料は, 使徒言行録の他に真正パウロ書簡がある. パウロに関する史実を再現するための歴史資料としては, 第一次的証人であるパウロ書簡の方が, 数世代後の著作である使徒言行録の記述に優先する.

　例えば, 使徒言行録は, ダマスコ途上での回心体験の後, エルサレムへ上り, バルナバの執り成しによってエルサレム教会の人々から受け入れられたとしているが（使9：26-30）, パウロ自身はガラテヤ書で回心の後, 直ぐにアラビヤ伝道に赴き, 3年後にやっとエルサレム教会を訪れたと述べている（ガラ1：13-20）. また, 使徒会議についても, 使徒言行録15章とガラテヤ書2章の両方に報告がある. 使徒言行録では, 激論の末に主の兄弟ヤコブが裁定を下し, 異邦人回心者に対しては, 不品行と血と絞め殺したものを避ける他は何も課さないとされている（使15：19-21, 29；創9：4を参照）. ところが, パウロ自身は使徒会議において, 異邦人信徒に対して律法遵守に関して何一つ課されなかったと断言している（ガラ2：4-6）. また, この会議において, ユダヤ人教会と異邦人教会が相互の宣教を認め合うと共に, 異邦人教会が貧しい人々を覚えて支援の献金することが協定されているのに（ガラ2：10）, 使徒言行録には明確な報告がない. この協定を履行するために, 後にパウロはマケドニアやアカヤで献金活動を行い, 集めた献金を携えてエルサレムへ上ることになる（Ⅰコリ16：1-4；Ⅱコリ8：1-24；9：1-15；使24：17）. また, 使徒言行録によると, パウロはユダヤ人の感情を考慮して, リストラ出身の異邦人回心者テモテに割礼を施しているし（使16：1-3）, エルサレム上京後, 誓願を立てた4人の信徒と一緒に, 神殿へ赴き, 清めの期間を過ごそうとしている. 律法からの自由を福音の真理とする史的パウロの立場からは（ガラ2：4-5, 14）, あり得ない行為であろう. また, 使徒言行録はパウロのガラテヤ伝道については, 第2宣教旅行の際にそこを通ったこと（使16：6）, 第3宣教旅行の時に

再び立ち寄ったことを簡潔に述べるだけである（18：23）．パウロがガラテヤを去った後に，ユダヤ人のキリスト教宣教者がこの地にやって来て，パウロらとは異なる福音を説いたために混乱が起こり，パウロはこの事態を是正するためにガラテヤ書を書き送ったことへの言及も（ガラ1：6 - 9；5：7 - 12；6：11 - 16），使徒言行録にはない．さらに，パウロのコリント訪問について，使徒言行録はパウロはコリントを2度訪れたとしているが（使18：1 - 17；20：1 - 3），パウロ自身の言葉から推定すると3度訪れている（Ⅱコリ13：1 - 2）．コリント教会とパウロの間に数度にわたる紛争があり，パウロやテモテが紛争解決のためにコリントを訪れたり，コリント教会へ手紙を書いたことへの言及も使徒言行録にはない．また，コリントへパウロとは異なる福音理解を持つ「超使徒」達がやって来て宣教活動を行い，教会に混乱をもたらしたことへの言及も（Ⅱコリ11：4 - 6），使徒言行録にはない．使徒言行録が描く，初期の教会の様子は，使徒会議で一致を見出した後は飽くまで調和的であり，ユダヤ人教会とヘレニズム教会の間にも争いもなく，宣教者相互の福音理解の間にも対立はない．これは，最初期の教会にも様々な福音理解が並存し，異なった福音理解を持つ宣教者達が相互に競合していた史的現実からはかなり乖離している．

　パウロの最後について，Ⅰクレメンス書には，ペトロと共にローマで殉教したという記述がある（Ⅰクレ5：1 - 7）．使徒言行録はパウロの殉教の死を知っているようであるが（使20：23 - 25），ローマでの殉教については言及していない．使徒言行録28章では，むしろ，軟禁状態のパウロが妨げられることなく福音を語るという肯定的トーンで，物語全体を締めくくっている（使28：17 - 31）．これは，ギリシア・ローマ世界の知識層を念頭にこの歴史物語を書いているので，反ローマ的な印象を与える記述を著者が意図的に避けたためであると思われる．

　使徒言行録中の記述の中で，パウロの生涯の史的再構成のために最も役に立つのは，宣教旅行のルートに関する記述であろう．パウロの宣教旅行のルートや時間的順序についての使徒言行録の記述は，パウロ書簡から得られる情報に大まかに対応しており，信頼出来る何らかの資料の存在を推定させる．使徒言行録の記述がなくて，パウロ書簡だけしかなければ，パウロの宣教の具体的旅程を史的に再現することはほとんど不可能になってしまうであろう．

　3．宣教者が説得の技術である弁論術を駆使して人を説得することに対して，使徒言行録の著者は非常に肯定的であり，使徒言行録では伝道者たちが言葉を駆使して人々を説得し，回心に導いたとされている（使13：43；17：4；18：4；19：8；28：23 - 24）．しかも，使徒言行録は初代教会史の歩みにおける決定的転換期の場面に主要な登場人物たち（特にパウロ，ペトロ，ステファノ，主の兄弟ヤコブ）の演説を配しており（例えば，2：14 - 40 ペトロのペンテコステ説教；7：2 - 53 ステファノの弁明；10：34 - 43 コルネリウス家でのペトロの説教；13：16 - 41 ピシディアのアンティオキアでのパウロの会堂説教；15：7 - 11 使徒会議でのペトロの演説；15：13 - 21 使徒会議でのヤコブの演説；17：22 - 31 パウロのアレオパゴス説教），演説は神が定めた救いの計画が実現するに当たっての原動力となっている．

　歴史記述において演説は全文が言葉通りに再現される訳ではなく，発言の趣旨を歴史家が場面と人物に応じて再構成することが許されていた（ツキディデス『戦史』1. 22. 1）．他方，歴史記述中の演説は，現存するギリシア・ローマの演説集に収録されている演説と比べるとかなり短い．つまり，古典古代の歴史記述に登場する演説には，ある程度の創作的要約の要素が存在している（使2：40を参照）．使徒言行録中の演説も，ある程度の創作的要約の要素を含んでいると考えられる．しかも，使徒言行録中の演説はヘレニズムの歴史記述中の演説に比べても著しく短く，要約的性格はさらに強い．その上，使徒言行録中の演説は聴衆の否定的反応のために中断され，未完に終わることもある（例えば，7：2 - 53 ステファノの弁明，17：22 - 31 パウロのアレオパゴス説教）．しかし，たとえ要約に過ぎなくても歴史記述中の演説も基本要素とその配列，演説全体のタイプや特徴を考える手掛かりをある程度提供しており，修辞学的分析は可能であり，現実に筆者は使徒言行録中の演説の修辞学的分析を行っている．

　4．前章で確認したようにルカ福音書には，イエスの十字架の責任をローマ人よりもむしろユダヤ人達に負わせる傾向がある（ルカ20：21 - 24；23：1 - 25），この傾向は,使徒言行録においても顕著であり，ペトロは伝道説教の中でユダヤ人聴衆に対してイエスを十字架に架けて死に至らしめた責任を問うて悔い改めて罪の赦しを受けるように勧める（使2：36；4：10 - 12）．ステファノ

は，律法と神殿を冒したという罪を問われて最高法院の審問にかけられた時に，審問者であるユダヤ人指導者達の先祖が，過去のイスラエルの歴史を通して，神が遣わした預言者を迫害し，殺害することを繰り返していたことを主張して，審問者たちを激怒させている（7：51‐53）．他方，使徒言行録によれば，パウロは宣教旅行の途上，ピシディア・アンティオキアにおいても（使13：44‐52），テサロニケにおいても（17：5‐9），コリントにおいても（18：15‐16），ユダヤ人達の頑強な反対に会い，宣教対象をユダヤ人から異邦人へと変えている（13：44‐49，18：6）．

　また，ルカ福音書は，異邦人世界で地位のある者の中に，キリスト教に好意を持つ者があることを語っているが（ルカ9：2‐10；23：47），使徒言行録では，カイサリアに駐屯する百人隊長コルネリウスは，ペトロを家に招いて話を聞き，一家共々ペトロから洗礼を受けている（使10：1‐48）．また，コリントにおいて，ユダヤ人達がパウロをアカヤ州総督ガリオンに訴えた時に，自分たちの宗教的教えに関することならば，自分たちの律法で裁くようにと言って却下している（使18：12‐17）．さらに，エフェソでパウロが伝道している時に，アルテミスの神殿を模した銀細工の職人達に煽動されて群衆が騒ぎを起こした時に，町の書記は介入してパウロをかばい，騒ぎを鎮め，群衆を解散させている（使19：21‐40）．使徒言行録の語り方は，一貫して反ユダヤ的・親ローマ的である．

第4節　著者・読者と執筆事情

1．著者・読者（ルカ共同体）

　この書物はその序文（1：1‐2）が示すように，ルカ福音書の第2巻として書かれている．従って，使徒言行録の著者はルカ福音書の著者と同一であり，第3世代に属する信徒であり，先行する著作（マルコ福音書）や資料（Qとルカ特殊資料）を用いて福音書と初代教会の歴史を記述した歴史家であった．ギリシア語の質の高さや，ギリシア・ローマ世界の歴史記述の手法に通じているので，著者は比較的社会層の高い，教養のある異邦人であろう．使徒言行録16‐20章に1人称複数形の文体で語られている「我ら章句」と呼ばれる部分があることから（使16：10‐17；20：5‐15；21：1‐18；27：1‐28：16），E・

トロクメや田川建三は，この文書がパウロの宣教旅行の同行者たる医者ルカである（フィレ24；コロ4：14；Ⅱテモ4：11）という伝統的見解を擁護しているが，「我ら章句」は航海の叙述のところだけに出てきており，1人称複数形の文体で語ることは同時代の航海文学が臨場感を高めるために用いた常套手段であったことから，この説はあまり説得力を持たない（V・ロビンス）．

　想定されている読者層は，著者の属する教会の信徒とギリシア・ローマ世界の知識層であろう．著者の教会は当初はユダヤ人信徒を中心に始まったようであるが，既に異邦人伝道に従事しており，復活の主は聖霊降臨の約束と世界伝道の務めを告げたとされている（ルカ24：47-49；使1：8；3：26）．宣教はまずユダヤ人の人々に対してなされたが，彼らの拒否によって異邦人へと向けられた（使13：44-49）．読者達が属する教会には異邦人回心者の存在することが，前提されている（使10：24-43；15：1-30；16：14-15，40；17：34；18：8）．

2．執筆時期
　ルカ福音書が80-90年頃に書かれたと推定されるのであれば，使徒言行録はその続編として少し後に書かれたと推定されるので，90-100年頃であろう．

3．成立場所
　ルカ福音書と同様に使徒言行録は，ギリシア語の質の高さや，著者がギリシア・ローマ文化の教育をある程度受けていること，また，パレスチナの地理には詳しくないことなどを考えると，地中海世界の東部の都市の一つで書かれたと推定される．

＜参考文献＞

荒井献「使徒行伝」『総説新約聖書』日本基督教団出版局，1981年，148-167頁．

同『使徒行伝上』新教出版社，1977年．

H・コンツェルマン（田川建三訳）『時の中心』日本基督教団出版局，1976年．

加山久夫『使徒行伝の歴史と文学』ヨルダン社，1986年．

山田耕太「使徒言行録」『新版　総説新約聖書』日本基督教団出版局，2003年，

162‐183頁.

同「使徒行伝のジャンル」『新約学研究』第20号，1992年，2‐17頁.

同「ルカ文書は歴史的モノグラフか？」『新約学研究』第31号，2003年，27‐41頁.

真山光弥「使徒言行録」『新共同訳新約聖書注解I』日本基督教団出版局，1991年，543‐661頁.

原口尚彰「使徒言行録の修辞学的研究　ペトロの伝道説教」『東北学院大学キリスト教文化研究所紀要』第20号，2001年，61‐100頁.

同「修辞法としての歴史」『東北学院論集　教会と神學』第35号，2002年，1‐35頁.

同「使徒言行録におけるペトロの弁明演説」『東北学院論集　教会と神學』第36号，2003年，15‐44頁.

同「ステファノ演説（使7：2‐53）の修辞学的分析」『東北学院論集　教会と神學』第37号，2003年，77‐102頁.

第7章　ヨハネ福音書

第1節　内容構成

ヨハネ福音書の内容構成は，下記の通りとなる．

1：1‐18　プロローグ
1：19‐12：50　神の子の世への到来と自己啓示
　　1：19‐51　洗礼者ヨハネの証言とイエスの弟子の召し
　　2：1‐12　カナの奇跡
　　2：13‐25　宮清めと神殿破壊預言
　　3：1‐36　ニコデモとの対話と説教
　　4：1‐42　サマリアの女性との対話と説教
　　4：43‐54　ナザレ訪問とカファルナウムの司の僕の癒し
　　5：1‐47　ベトザタの池での病人の癒しと安息日論争
　　6：1‐71　5000人の給食と天からのパン論争
　　7：1‐52　仮庵の祭りとイエスの神殿説教
　　［7：53‐8：11　罪の女性］
　　8：12‐59　イエスの説教と論争（世の光，真理，自由）
　　9：1‐41　盲人の癒しと安息日論争
　　10：1‐42　喩えによる説教と論争
　　11：1‐54　ラザロの復活
　　11：55‐12：50　エルサレム入城とイエスの説教
13：1‐20：29　天の父のもとへの神の子の帰還
　　13：1‐38　最後の晩餐と洗足
　　14：1‐16：33　告別の説教
　　17：1‐26　大祭司の祈り
　　18：1‐19：42　受難物語
　　20：1‐29　復活顕現物語

20：30‐31　エピローグ
21：1‐25　ガリラヤ湖畔での復活顕現物語と第2のエピローグ

　7：53‐8：11（罪の女性）の部分は，シナイ写本，アレクサンドリア写本，バチカン写本，エフライム写本，さらには，パピルス断片P[66]，P[75]等の重要写本に欠けており，ヨハネ福音書の本文には元々は含まれていなかった，後世の付加部分であると考えられる．21：1‐25（ガリラヤ湖畔での復活顕現物語と第2のエピローグ）の部分は，主要写本やパピルス断片に含まれているので，2世紀後半から4世紀には既にヨハネ福音書本文の一部として受け入れられていた．しかし，20：1‐29に復活顕現物語が存在し，20：30‐31にはエピローグが存在しているので，21：24‐25の第2のエピローグが存在するのは不自然な印象を受ける．また，21：1‐14のガリラヤ湖畔での復活顕現物語には，ルカ5：1‐11に並行記事があり，他の復活顕現伝承とは独立の復活顕現伝承として流布していたことが推定される．従って，ヨハ21：1‐25の部分は，早い時期にヨハネ福音書に加えられた校訂者による編集的付加部分であると考えられる．

　ヨハネ福音書の構成は，共観福音書とは全く異なった形をとっている．付加部分を除いた本来のヨハネ福音書は，冒頭のプロローグ（1：1‐18）と末尾のエピローグ（20：30‐31）の間に，本文の前半部を構成する「神の子の世への到来と自己啓示」の部分と（1：19‐12：50），後半部を構成する「天の父のもとへの神の子の帰還」の部分（13：1‐20：29）とが挟まれる格好となっている．天から神の子であるキリストが降ってきて，地上の業を終えてまた天上へ帰っていくという構成は，フィリピ書が伝える初期の教会のキリスト讃歌にも見られる（フィリ2：5‐11を参照）．

　共観福音書は，イエスの公生涯におけるエルサレム訪問を，過越の祭りの時に1回だけとしているが，ヨハネ福音書では，イエスはエルサレムを2回の過越の祭りの時に訪問する一方（2：13‐3：36；13：1と18：28），仮庵の祭りの時や（7：1‐52），神殿奉献祭（ハヌカー）の時にも（10：22‐39），さらには，名前は挙げられていない他の祭りの際に（5：1），エルサレムを訪問している．大きな祭りが行われ，巡礼のユダヤ人が多数集まった神殿の庭でイエスが度々説教しているために，ヨハネ福音書が描くイエスはイスラエルとこの世

全体に対して，神の真理を啓示する啓示者のイメージが強く出ている．

　また，共観福音書では物語の後半部に置かれている宮清めの出来事を（マタ21：12 - 13；マコ11：15 - 17；ルカ19：45 - 46），ヨハネは物語の初めの方に置いている（ヨハ2：13 - 22）．このために，イエスは祭司達を含んだユダヤ人指導者達と物語の冒頭から，厳しく対立している．

　ヨハネ福音書の最後の晩餐においては，共観福音書に見られる聖餐の設定辞（マタ26：26 - 29；マコ14：22 - 25；ルカ22：15 - 10）に代えて，長大な告別の説教と（14：1 - 16：33）大祭司の祈りが（17：1 - 26）置かれている．

第2節　資料問題とヨハネ福音書の形成過程

　ヨハネ福音書の資料問題を考える出発点は，R・ブルトマンの文書資料仮説である．ブルトマンは，しるし資料と啓示講話と受難物語の三つが，ヨハネ福音書の基本資料を構成するとした（R・ブルトマン『ヨハネ福音書注解』）．しかし，啓示講話に含められている諸説話の間にはあまり纏まりがなく，今日の研究者の多くは，纏まった文書資料よりも多様な口頭伝承の集積を想定している．またブルトマンが啓示講話に含めたプロローグ（ヨハ1：1 - 18），啓示講話とは別系統の伝承に属するとされている．

　資料段階から現存のヨハネ福音書の形成に至る過程については，定説がなく，様々な学者が様々な仮説を提案している．例えば，R・ブルトマンは3段階説を唱え（①三文書資料，②福音書記者による編集，③教会的編集者による校訂），R・E・ブラウンは5段階説を唱え（①バラバラの口頭伝承，②ヨハネ的色彩の付与と文書化，③福音書記者による編集，④福音書記者による校訂，⑤後の編集者による校訂），R・フォートナはしるし福音書説を唱えている．

　最低限確認出来ることは，現存のヨハネ福音書の形成には，①口頭伝承段階，②伝承のグループ化と文書化，③福音書記者による編集，④後の編集者による校訂の4段階が存在したことである．資料の編集と文書化の過程は，背後にある担い手であるヨハネ共同体の形成発展過程と並行している．最初期の口頭伝承は，①ヘレニストグループによる宣教の過程で生み出され，次に，②ヨハネ共同体の形成と宣教の過程で伝承のグループ化と文書化がなされ，③福音書記者による神学的反省の下にヨハネ福音書が書かれ，④後ヨハネ共同体によ

る福音書の再解釈がなされたと想定される．④後ヨハネ共同体による福音書の再解釈がなされた段階は，I，II，IIIヨハネ書が執筆された時点に相当する．

第3節　ヨハネ福音書の文学的・神学的特色

　1．ヨハネ福音書の言語表現は，象徴的性格が顕著である．冒頭のプロローグは，キリストと世の対立について，光と闇の喩えを用いたり（ヨハ1：5），命と死の対立として（1：4）表現する．光と闇の喩えも（1：5；3：19；12：35），命と死の対立も（3：15；5：24，26），ヨハネ福音書物語の展開の中で繰り返される基本主題を構成している．ヨハネ福音書においてイエスが行う奇跡行為は，イエスが神の子であることを指し示す「しるし（σημεῖον）」と呼ばれる（ヨハ2：11；20：30-31）．他方，イエスは自己啓示の言葉の中で，「私は命のパンである」（6：35），「私は世の光である」（8：12），「私は良い羊飼いである」（10：11），「私は真の葡萄の木である」（15：1）と象徴的表現を用いている．

　象徴（symbol）とは，不可視的なものを可視的なものによって表現することである．例えば，平和というような抽象概念はそもそも目に見えないものであるが，しばしば，平和祈念祝典では鳩が放され，平和の目に見える象徴となる．また，星条旗がアメリカ合衆国の象徴となり，三色旗がフランスの象徴となるように，国旗は国家の目に見えるしるしである．

　象徴が正しく理解されるためには，指示するものと指示されるものとの間の対応関係が社会的に広く了解されていなければならない．指示関係が一部の人たちにしか理解されない特殊なものであれば，象徴は秘儀や暗号に化する．ヨハネ福音書におけるイエスの象徴的な語り方は，物語の中において理解されず，登場人物達の誤解と躓きの対象になる（6-7章）．例えば，ニコデモは「新しく生まれる」というイエスの言葉を，文字通り，人間が再度母の胎から生まれることと誤解する（3：3-4）．また，命のパン論争において，論争者たちは「私の体を食べ，私の血を飲む」（6：54）というイエスの象徴表現を理解せず，人肉を食し，生き血をすすることと誤解し，躓いた（6：56-59）．弟子たちすら，イエスが用いる象徴表現を理解出来ず，彼らはイエスの死と復活の出来事の後に，イエスの生涯とその言葉を振り返った時に初めて理解に達する

(2：11)．ヨハネ福音書の理解によれば，イエスが用いる象徴表現を本当に理解出来るのは，イエスの復活後に真理の御霊を付与されたヨハネ共同体の人々だけである（16：13）．

　2．イエスが行うしるしと人々の信仰との関係については，ヨハネ福音書が用いているしるし資料の考えと福音書記者の考えとの間には，ズレが認められる．しるし資料は，一貫して，イエスが行うしるしは人々を信仰へ導くものと考え，しるしを見ることに基づく信仰を肯定している（ヨハ2：23‐25；6：2；12：18‐19；20：30‐31）．ところが，福音書記者は，しるしに基づく信仰の可能性を否定はしないが，それだけでは，キリストへの信仰として十分でないと考えている（4：48）．福音書記者によれば，本当の信仰は聞くことによるのであり（4：50；17：20），「見ないで信じる者は幸いである」（20：29）．

　3．ヨハネ福音書は高度のキリスト論を展開している．イエスは神のひとり子であり（ヨハ1：1，18；3：16），天地が創られる前から先在し，神のもとにいる言である（1：1‐2；17：1）．この言なる神が肉となり，人となり，神のひとり子としての栄光を現した（1：14）．父なる神と子なる神は一体であり（5：17‐18），子は父の意思を行う（5：19‐23）．子を知る者は父を知るのである（14：7）．キリストの先在という観念は，ヘブライ書や（ヘブ1：1），エフェソ書や（エフェ1：4‐10），コロサイ書に保存されている信仰告白伝承にも見られる発達したキリスト論である（コロ1：14‐20）．この発達したキリスト論は，天地の創造者なる神に匹敵するキリストの神性を認めているために，厳格な一神教に立つユダヤ教の立場からは，神を冒瀆する異端として断罪され（ヨハ5：17‐18），ヨハネ共同体に属する信徒達は，ユダヤ教のシナゴーグから追放されることになる（ヨハ9：22，34；12：42；16：2を参照）．
　ヨハネ福音書の言語世界の中では，十字架と復活と高挙は一体であり，「挙げられる」（ヨハ3：14）とは，十字架上に挙げられることと，死人の中から引き上げられることと，父なる神のもとに挙げられることが重層的に意味されている．そこで，十字架刑に処されることは，同時に，父なる神のもとへ高挙することと一体であるので，イエスが神の子としての栄光を受けることと解されている（7：39；17：1‐2）．

4．共観福音書には，ダニ7：9‐14に預言されている終末の審判者「人の子」の到来を語る未来的終末論が見られる（マタ26：64；マコ14：62；ルカ22：69）．ところが，ヨハネ福音書では，「人の子」である地上のイエスを，今受け入れるかどうかで，この終末の審判（クリシス＝分けること，裁き）が既に起こっているのである（ブルトマン，ブランク，土戸清）．イエスを信じるかどうかで，永遠の命を受けるか，裁きを受けるかという人間の究極的運命が定まるのである（ヨハ3：15‐16, 36；5：24）．このように，第四福音書には，現在的終末論が優勢であり，未来的終末論を示す箇所は（5：28‐29），より伝統的な終末観を持つ後代の編集者による校訂の結果であると考えられる．

5．ヨハネ福音書の象徴的言語世界の中には，光と闇や（ヨハ1：5；3：19；12：35），命と死（ヨハ1：4；3：15；5：24, 26）等の，二元的対立を示唆する表現が度々出てくる．これは，物語の平面では，世の光であるイエスとイエスを信じない世との対立や，イエスを信じることによって永遠の命を得ることと，信じないで死の世界に留まることの対立の形で展開されている．その背後には，世の光であるイエスを信じて永遠の命を与えられているヨハネ共同体の人々と，イエスを信じず闇と光の中に留まり続ける外部世界の対立が存在している．

ヨハネ福音書の二元論の一番の特色は，イエスを神の子と信じるかどうかで人間を二分する信仰の二元論にある．光のもとに来るのか，闇に留まるかは，イエスを信じるかどうかによって決定される（ヨハ1：5）．永遠の命を受けるか，裁きを受けるかということも，人がイエスを信じるかどうかに懸かっている（3：31‐36；17：3；20：31）．信じる者は神の子として新たに生まれ（1：13；3：5‐8），既に死から命へ移っているとされ，信仰への招きが発せられるのである（5：24；11：25‐26）．こうした個人の信仰的決断を強調する実存論的側面を強調したヨハネ解釈の例は，R・ブルトマンの主著『新約聖書神学』に顕著である．但し，ヨハネ福音書には個人の信仰的決断と並んで，個人の決断に先行する神の選びを強調する考えが存在していることが指摘されなければならない．神はイエスを通して弟子たちを選んだのであり（15：16, 19；17：6‐8），彼らはそもそも世に属していない（15：19；17：14‐18）．ヨハネ福音書の神学思考の中では，神の選びが人間の自由に基づく信仰の決断を通して現

実化することになる.

　ヨハネの二元論的世界観は，グノーシス的二元論との関係が問題になることがある．ヨハネ福音書に見られる強い二元論的思考や，天から降ってきて地上で神を顕し，再び天へ戻っていく救済者観は，グノーシス神話の救済者像に似ている面がある．しかし，グノーシス主義の立場からは，霊的世界と物質的世界が絶対的に対立しているとされるのに対して，ヨハネ福音書は父なる神による世界の創造を肯定し（1：1；17：1‐2），救世主である神の子キリストが「肉となって」物質世界に身を置いたことを重視する等（1：14），グノーシス主義とは決定的に異なる要素を含んでいる．ヨハネ福音書が描くイエスが，「地上を歩く神である」（ケーゼマン）とまでは言えないのである.

　死海文書の『戦いの書（1QM）』や『ダマスコ文書（CD）』には，「光の子ら」と「闇の子ら」との間に展開される終末の戦いを描く部分があり，二元論的世界観を表現している．ヨハネ研究者の中には，こうした非主流のユダヤ教を，ヨハネ福音書の宗教史的背景に挙げる者もいる（R・E・ブラウン，松永希久夫）．両者の間には似ている点もあれば，大きく相違する点もあるので，直接の依存関係を想定することは難しいが，興味深い並行関係が存在することは否定出来ないであろう．死海文書の二元論とヨハネ福音書の二元論の最も大きい相違は，前者が世の終わりにおける戦いを想定し，非常に強い未来的終末論と戦闘的傾向を示すのに対し，ヨハネ福音書が現在的終末論を主張している点であろう.

　６．ヨハネ福音書14‐16章に展開される長大な告別説教は，イエスが受難を前にした最後の晩餐の席上で，弟子たちに対して自分がこれから世を去って父なる神の御許に帰ることを告げ，残されることになる弟子たちに，真理の御霊と呼ばれる聖霊を与える約束を与え（ヨハ14：17；16：13），彼らが世から憎まれ，迫害されることを予告し（9：22，34；12：42；16：2），彼らが互いに愛し合うべきであると告げる（13：34‐35；15：12）．それに続く17章の，所謂「大祭司の祈り」においてイエスは，残されて行く弟子たちが一つとなるように祈っている（特に，17：11）．ヨハネ福音書の物語は，主人公であるイエスの死と復活で終わるのであるから（19‐20章），告別説教や大祭司の祈りは，物語的時間を超えた未来の出来事の予告という形をとっている．しかし，

この物語の歴史的読者であるヨハネ共同体の信徒達にとっては，これらの事柄は既に現実になっている．彼らはイエスの言葉と行いの真の意味を教える真理の御霊を与えられ（14：17；16：13），彼らは世から憎まれ，会堂から追放されているのである（9：22, 34；12：42；16：2）．こうした厳しい歴史的状況に置かれている信徒達が，イエスの生涯とその言葉を再度回顧して理解を深めるという視点で，この福音書は書かれている．こうして，告別説教は，ヨハネ福音書全体の意味を読み解く解釈論的視座を与えると言える（G・ボルンカム，大貫隆）．大貫隆は，こうした文学構成上の事実の上にさらに社会学的考察を加えて，ヨハネ福音書テキストの織りなす文学世界が，読者たちを一旦その置かれている社会的現実から引き離し，新たな視点からの考察によって新しい意味付けを行い，現実世界に再び送り出すというテキスト効用論を主張している．

第4節　著者・読者と執筆事情

1．著者・読者（ヨハネ共同体）

この福音書の著者は伝統的には，ゼベダイの子ヨハネ（マコ1：19；3：17）であり，彼は第四福音書の中で「主に愛された弟子」と呼ばれる人物に一致するとされて来た（エイレナイオス『異端論駁』3.1.1）．この伝統的見解は史的根拠が曖昧であり，今日の批評的学者たちの間では支持する者は少ない．私たちが知っている同時代の歴史的人物を，この福音書の歴史的著者とを同定するのは，史料の不足のために困難であり，ヘレニズム・ユダヤ教の背景からキリスト教に入った人物であろうということ位しか言えない．本書では便宜上，第四福音書の著者をヨハネ，その属していた教会をヨハネ共同体と呼んでいる．ヨハネ福音書の高度に象徴的言語表現を理解することを前提としていることから，ヨハネ共同体に属する信徒達の多くは教養層に属していたと想定される．

2．執筆時期

ヨハネ共同体に属する信徒達は，キリストを神の子と告白する信仰の故に，ユダヤ教の会堂の交わりから追放されており（9：22, 34；12：42；16：2），

ヨハネ共同体は母胎であるユダヤ教とは断絶している．ユダヤ戦争中に起こっ
た紀元70年のエルサレム破壊の後，ユダヤ社会とユダヤ教の再建は，ファリサ
イ派のヨハナン・ベン・ザッカイに指導されるヤムニアの最高法院によって行
われた．この時期以後は，以前に見られた多様なユダヤ教諸教派の並立という
現象は（サドカイ派，ファリサイ派，エッセネ派，熱心党，ヘレニズム・ユダ
ヤ教）姿を消し，律法の解釈と適用を中心とするラビ・ユダヤ教に一元化され
た．ラビ・ユダヤ教は規範的ユダヤ教とも呼ばれ，正統ユダヤ教の位置を占め
て，以後のユダヤ教の発展に決定的な影響を与えた．この過程で規範的ユダヤ
教と異なる見解は異端視され，断罪されて排除される過程を辿った．正統の成
立と異端的見解の排除の過程をしめすのが，祈祷文シェモネー・エスレー
（十二祈願）中のビルカト・ハ・ミニームという断罪条項に，ナザレ派と呼ば
れるキリスト教徒も解釈上含められるようになったことである．キリスト教の
異端化とキリスト教徒の追放によって，キリスト教とユダヤ教の別離は完成し
たのであった．ヨハネ福音書は，この歴史的過程を反映しているとされている
（J・L・マーティン，土戸清）．すると，ヨハネ福音書の推定成立年代は，90
年代後半ということになる．

3．成立場所

ヨハネ福音書は規範的ユダヤ教側からの迫害を反映しており，規範的ユダヤ
教との接触が可能な場所にヨハネ共同体があったことを示している．他方，ヘ
レニズム文化との接触も示している．紀元1世紀末において，規範的ユダヤ教
とヘレニズム文化との両方との接触が可能であったのは，シリアの都市の一つ
であろうと推定される．

＜参考文献＞

中村和夫「ヨハネによる福音書」『総説新約聖書』日本基督教団出版局，1981
　　年，168‐191頁．

大貫隆『ヨハネによる福音書—世の光イエス』日本基督教団出版局，1996年．

同『福音書研究と文学社会学』岩波書店，1991年．

同「ヨハネによる福音書」『新版　総説新約聖書』日本基督教団出版局，2003
　　年，134‐161頁．

松永希久夫・山岡健「ヨハネによる福音書」『新共同訳新約聖書注解I』日本基督教団出版局，1991年，392‐542頁.

伊吹雄『ヨハネ福音書と新約思想』創文社，1994年.

土戸清『ヨハネ福音書研究』創文社，1994年.

同『初期キリスト教とユダヤ教』教文館，1998年.

E・ケーゼマン（善野碩之助・大貫隆訳）『イエスの最後の意志』ヨルダン社，1978年.

J・L・マーティン（原義男・川島貞雄訳）『第四福音書における歴史と神学』日本基督教団出版局，1981年.

第8章　パウロの生涯と宣教

序　キリスト教の広がり

　ローマ帝国の東端に位置するユダヤのユダヤ人達の間に生じたキリスト教信仰は，まもなく，ユダヤ人という民族の枠を越えて，異邦人たちに伝えられ，異邦人信徒が生まれた（使11：20 - 24）．当時，フェニキアやシリア，アフリカ北部のエジプトやキュレネ，小アジアやギリシア，さらには，帝国の首都ローマへ，キリスト教信仰が伝えられたことが，キリスト教内外の史料によって確認される．初期のキリスト教の特徴の一つは，非常に伝道熱心な宗教であったことであり，キリスト教の伝播の速度は非常に速かった．それは，何よりも多くの信徒達が，様々な困難を乗り越えて熱心に伝道に従事した結果であった．なかでも，パウロという人物は，ギリシア・ローマ世界の東半分の主要な都市を巡回して，有力な教会を次々と設立して行ったことが知られている．このパウロの生涯と思想について考えてみよう．

第1節　パウロの生涯

1．ディアスポラ（離散）のユダヤ人
　初期キリスト教の宣教者パウロは，紀元前後に属州キリキアの首都タルソスに生まれた（使22：3；さらに，使9：30；11：25も参照）．彼はテント作りを生業とするユダヤ人の家に生まれ，自身も家業を継承し，テント作りの職業を身につけていた（使18：3）．彼は生まれて8日目に割礼を受けたディアスポラのユダヤ人（「アブラハムの子」）であった（ロマ9：3 - 4；Ⅱコリ11：21 - 22；ガラ1：13 - 14；フィリ3：5 - 6）．

　タルソスは，ローマの属州キリキアの政治・商業・文化の中心であり，ヘレニズム文化が栄えた都市の一つであった．この都市出身のパウロは，当然に周辺世界で話されるギリシア・ローマ期のギリシア語（コイネー）を自由に操ることが出来た．また，ヘレニズム風の正規の教育は受けていなかったようであ

るが，ギリシア・ローマ世界の社会習慣や文化的伝統にもある程度通じていたし，ローマの市民権を持つ者として自己の法的立場も自覚していた．パウロはこのように，ディアスポラ（離散）のユダヤ人として，ヘレニズム的環境世界とユダヤ的伝統の両方の要素を身につけており，このことが，後に彼が異邦人の使徒として，ギリシア・ローマ世界の異邦人に対してキリストの福音を宣べ伝えるのに大きな力となった．

2．教会の迫害者の回心・召命

　パウロは割礼を受けたユダヤ人として育ち，ユダヤの律法を厳格に守るファリサイ派に属していた．ユダヤ教徒時代のパウロは，彼自身が述べているように，トーラー（律法）への熱心に貫かれていた（フィリ3：5-6）．彼は同胞のユダヤ人にも優って，父祖たちの伝承＝書かれない律法を実践することに関して熱心であった（ガラ1：13-14）．父祖たちの伝承とは，旧約聖書に書かれた律法を，歴史の中で新しく生じた事態にさらに細かく対応するために形成された律法であり，当時は口伝の形で教師から弟子に代々伝えられていた．書かれない律法は書かれた律法（旧約聖書）を取り巻く垣根と呼ばれており（『ミシュナ』「アボート」1：1），紀元3世紀から6世紀にかけてミシュナ，タルムードというユダヤ教の教典に集大成され，ユダヤ教の基本教典となる．パウロは，自分はかって「熱心の点では教会の迫害者」であったと述べており，この事実は初代教会の人々に広く知られていた事実であった（ガラ1：13，23；Ｉコリ15：9；使8：3；9：1-43）．キリスト教はユダヤ教の革新運動として始ったにも拘わらず，民族の壁を越えて異邦人に福音を宣べ伝え，しかも，異邦人回心者に対してユダヤ教の柱であった律法の遵守を求めなかった．このため，ユダヤ教徒時代のパウロは，律法をないがしろにする者たちとして，キリスト教徒を迫害したのであると推定される．彼を教会の迫害に駆り立てていたのは，彼が自ら回顧する言葉の通り，律法への熱心であったと言える．

　しかし，このように律法に熱心であり，教会の迫害者であったパウロは，ダマスコ近郊で復活のキリストに出会う劇的な宗教体験を経ると，それまでの生き方を180度転換してキリストを信じる者となった（ガラ1：15-16；Ｉコリ15：9；フィリ3：7-11；使9：1-43）．この出来事は，パウロの回心とも召命とも言われている．彼はこの出来事以前も，敬虔なユダヤ人としてイスラエル

の神ヤハウェ，天地の創り主への信仰を持っていたのであるから，異邦人の信徒のように先祖伝来の異教の神々への信仰から，天地の創り主なる真の神への信仰に入った訳ではない．しかし，それまでキリスト教信仰を撲滅しようとしていたのが，キリスト教信仰の真理性を確信し，従来の律法遵守を核とするユダヤ教的生き方を放棄したのであるから，根本的な志向を変えたという意味で，パウロは回心したのであると言っても良いであろう．しかも，彼の復活の主との出会いは，福音を宣べ伝える使徒職への召しであり（ガラ1：15 - 16；Ⅰコリ9：1；15：8 - 10），彼は回心すると，ダマスコから直ちにアラビア（ナバテヤ王国）へ赴いて，宣教者としての活動を始めている（ガラ1：16 - 17）．

3．宣教旅行

　パウロは，シリア・キリキア伝道を行った後，しばらくアンティオキア教会で活動した．バルナバと共に宣教師として派遣され（使13：1 - 3），キプロス・小アジア内陸部方面（ピシディア・リカオニア・パンフリア）の伝道に従事した後にアンティオキアに戻った（使13：4 - 14：28）．これが，第1回宣教旅行である．

　その後，異邦人回心者に対してもユダヤの律法を守らせるべきかどうかについて，アンティオキア教会で論争が起こり，決着が付かなかったので，パウロとバルナバはアンティオキア教会の代表として，エルサレム教会に赴き，裁可を仰いだ．エルサレムでは，使徒会議が招集され，審議した結果，異邦人信徒には律法を守ることを求めないことが決議された（ガラ2：1 - 10；使15：1 - 35）．この時に，エルサレムのユダヤ人教会は，自らのユダヤ人向けに語る福音の正統性を一方で確認しつつも，律法の遵守を含まないパウロらが宣べ伝える福音の正統性を承認した．ユダヤ人教会と異邦人教会の連帯の徴として，経済的に窮乏していたエルサレムの信徒達のために，異邦人教会が支援の献金を送ることが協定された（ガラ2：10）．

　その後，パウロは同労者のバルナバと袂を分かって，単独で小アジア（キリキヤ・パンフィリア・ガラテヤ・アジア）とギリシア本土（マケドニア・アカヤ）の都市への宣教旅行を試みた（使15：36 - 18：22）．これが，第2回宣教旅行である．この旅行は大きな成果を挙げ，ガラテヤ，テサロニケ，フィリピ，コリント，エフェソ他の有力な教会が設立された．

　第2回宣教旅行の後，パウロは一旦，エルサレムへ上った後，アンティオキアを経て，再度旅立った（使18：23‐20：12）．これが，第3回宣教旅行である．この時は，主として第2回宣教旅行の時に設立した教会を再訪して，信徒達を励ますこととエルサレム教会のための献金の募金活動がなされた．

　　4．パウロの逮捕とローマ移送
　パウロは小アジアとギリシア本土での募金活動を終え，献金を携えて，エルサレム教会を訪ねた．この時，エルサレム在住のユダヤ人達の間に騒ぎが起こり，パウロは神殿に詣でた時に捕らえられ，ローマ総督に訴えられた．総督府は海沿いの町カイサリアにあったので，パウロの身柄は，カイサリアへ移送された（使21：1‐26：32）．途中で総督が交代したこともあって，パウロに対する審問は延び延びになり，なかなか結審しなかった．この間，パウロは自己のローマ市民権を盾に，ローマ皇帝へ上訴したので，パウロの身柄は船でローマへ移された（使27：1‐28：31）．使徒言行録は，パウロがローマに到着して，軟禁状態に置かれた所までで終わっている．他の初期キリスト教の史料によれば，パウロはこの後，ローマで殉教している．

第2節　パウロの宣教の思想的特色

　　1．回心の説教（Ⅰテサ1：9‐10）
　異邦人の人々に対して，異教の神々から唯一の神に立ち帰るように勧める．この説教はヘレニズム教会の伝道説教の型に従っており，特にパウロ的とは言えない（Ⅰテサ1：9‐10と使14：15‐17；17：22‐31を比較せよ）．

　　2．律法から自由な福音（ガラ2：5, 14；3：1‐5, 13；4：1‐7；5：1）
　異邦人信徒たちに，創造主とキリストへの信仰に加えて，ユダヤの律法を守ることを求めない．このことをパウロは，「福音の真理」と呼んだ（ガラ2：5, 14）．パウロが語る律法の遵守を含まない福音の正統性は，使徒会議の際にエルサレム教会の指導者達によって承認された．律法から自由な福音という理解は，ヘレニズム教会の宣教の神学的反省であり，初期キリスト教が母胎である初期ユダヤ教に対して独立の宗教として自己定義する意味を持った．

3．信仰義認論（ガラ2：15‑21；ロマ3：21‑26）

　この理論は律法から自由な福音が成立する神学的根拠を与える．パウロは律法を守ることによって救いに達しようとするユダヤ教的救済理解に対して，ただキリストを信ずることによって救いが，神の一方的恵みとして与えられるという救済理解を，信仰義認（信仰によって義とされる）という法廷的用語によって表現した．このことはパウロの神学思想の中心であると共に，後に宗教改革の思想的基盤となり，現在の福音主義教会（プロテスタント教会）に思想的機軸を与えている．

4．十字架の宣教（Ⅰコリ1：18‑31；2：1‑5；ガラ3：1‑5）

　パウロの宣教のもう一つの特色は，宣教内容が十字架に架けられたキリストに集中していることである．十字架（スタウロス）は，当時ローマ帝国の官憲が反逆者に対して適用した残虐な極刑の道具であり，ギリシア・ローマ世界においては陰惨なイメージしか持っていなかった．十字架に架けられたキリストが救い主であるという十字架の言葉は，彼らにとっては愚かでしかなかった（Ⅰコリ1：18‑25）．また，ユダヤ人に対しては，十字架に架けられた無力なメシアとは矛盾であった．さらには，木にかけられた者は呪われているという律法の規定もあり（申21：23；ガラ3：13），十字架に架けられた救い主の宣教は彼らにとって大きな躓きであった（Ⅰコリ1：18）．しかし，パウロはこの十字架の言葉が，信じる者に救いを得させる，神の力，神の知恵であると主張した（Ⅰコリント1：18‑25）．キリストの十字架が救いのシンボル，キリスト教のシンボルへと転化したのは，パウロの神学的努力によるところが大きい．

＜参考文献＞

G・ボルンカム（佐竹明訳）『パウロ—その生涯と使信』新教出版社，1970年．
佐竹明『使徒パウロ—伝道にかけた生涯』NHKブックス404，NHK出版，1981年．
青野太潮『十字架の神学の成立』ヨルダン社，1989年．
R・ホック（笠原義久訳）『天幕づくりパウロ』日本基督教団出版局，1990年．
原口尚彰『パウロの宣教』教文館，1998年．
同『聖書の世界への招待』キリスト新聞社，2002年．
朴憲郁『パウロの生涯と神学』教文館，2003年．

第9章　パウロ書簡

序　論

　新約聖書中には発信人としてパウロの名前を冠した手紙が，合計13あるが，このうちパウロの真筆性が認められているのは，ロマ書，I，IIコリント書，ガラテヤ書，フィリピ書，Iテサロニケ書，フィレモン書の七つであり，講学上「真正パウロ書簡」と呼ばれる．他の六つの手紙は（エフェソ書，コロサイ書，IIテサロニケ書，I，IIテモテ書，テトス書），パウロの影響下にある後代の教会が生み出した「パウロの名による手紙」であり，第2パウロ書簡と呼ばれる．このうちI，IIテモテ書，テトス書は，パウロがその弟子であるテモテやテトスに宛てて，伝道・牧会上の心得を語るという体裁になっているので，「牧会書簡（Die Pastralbriefe；Pastoral Letters）」と呼ばれる．

　真正パウロ書簡はすべて，異邦人の使徒であるパウロが，伝道牧会の具体的な必要に応じてその都度名宛人である教会に書き送られたものが，保存され，回覧されるようになった結果，後に新約正典の中に採り入れられる経過を辿ったのである．パウロ書簡は決して大学の教義学の教科書として書かれたのでも，教会の教理の引証テキストとして書かれたのではなく，様々な問題に直面する信徒達と対話するための手段として書かれたのである．パウロが3回にわたる宣教旅行を通して伝道し，教会を設立したのは，エフェソ，トロアス，フィリピ，テサロニケ，アテネ，コリント等，ローマ帝国の東半分の広汎な地域に散在する，小アジアとギリシア本土の大都市が中心であった．パウロの伝道は1箇所に長く留まらず，教会を設立すると後をその地の指導者達に託して，次の伝道地へ向かって行った．このような事情であるから，パウロには自分がかつて伝道し，設立した教会と常に連絡を取り合い，安否を尋ね，必要な助言をする必要があった．ギリシア・ローマ世界にあっては，コミュニケーションの手段は面と向かって行う会話と演説であった．そのために言葉に依る説得の技術である修辞法（弁論術）は非常に発達し，公職に就き指導的役割を果たすために不可欠の教養となっていた．この時代には，文字メディアの一つである

手紙は，著者と受信人が顔を合わせて行う会話の代用と位置付けられていた（デメトリウス『文体について』223，キケロ『友への手紙』2. 4. 1，12. 30. 1，『アッティクス宛書簡』8. 14. 1）．パウロもまた，自らが認める手紙を，自分が訪問して行う会話の代用と考えていた（Iテサ 2：17‐18；ガラ4：20）．パウロは手紙を書く際に当時の慣例に従って，まず，秘書を用いて口述筆記をした後に，最後に特に強調したいことを直筆で手紙の末尾に付け加えるのを常としていた（ガラ6：11；Iコリ16：21）．パウロの手紙は，使者によって名宛人である教会に届けられ，集まった会衆の前で読み上げられ，会衆達は文字通り，朗読されるパウロの言葉に耳を傾けたのであった（Iテサ5：27）．

　真正パウロ書簡（ロマ書，Iコリント書，IIコリント書，ガラテヤ書，フィリピ書，Iテサロニケ書，フィレモン書）は，下記のような共通の書簡構造を示している．

導入部
　前書き（定型句）：送信人，受信人，祝祷
　感謝の祈り（神の讃美，呪いの宣言）
本文
結語部
　結語
　結び（定型句）：挨拶，祝祷

　この基本構造は，書簡の長さや内容的な差異とは無関係に認められ，パウロ書簡の形式上の恒常的な要素と言える（但し，IIコリ1：3‐11は感謝の祈りでなくてむしろ神の讃美）．例外をなすのがガラテヤ書の導入部であり，ガラ1：6‐9は感謝の祈りでなく，驚きの表明と呪いの宣言を内容としている．他方，パウロ書簡の基本構造は第2パウロ書簡や（エフェソ書，コロサイ書，Iテモテ書，IIテモテ書，テトス書），公同書簡の一部（Iペトロ書，IIペトロ書，IIヨハネ書，IIIヨハネ書）にも影響を与え，初期キリスト教書簡の一つの伝統を形成している．

　パウロ書簡の構造はヘレニズム書簡の構造（プラトン『第1‐13書簡』；BGU I. 140；VI. 180；P. Brem. 62；P.Genf. II. 72；P.Oxy I. 111；X. 1295；P.

Hamb. II. 192；P. Mich. 191；281；2798；4527；4528）を基礎にしているが，
導入部に祝祷と感謝の祈りがあることとと，結語部に祝祷があることは，一般
のヘレニズム書簡には見られない特色である．ヘレニズム期のユダヤ教書簡の
導入部には，前書きの定型句の後に，受信人たちのための祈りや（Ⅱマカ1：
2‐6），神の讃美（Ⅱマカ1：11‐17）が存在するので，恐らくパウロ書簡の構
造はヘレニズム・ユダヤ教書簡の形式の影響を受けたのであろう．

第1節　Ⅰテサロニケ書

1．内容構成と書簡論的考察
（1）内容構成

Ⅰテサロニケ書の内容構成は，下記の通りである．

導入部　1：1　序文
　　　　　　1：1a　発信人：パウロ，シルワノ，テモテ，受信人：テサロニ
　　　　　　　　　ケ人
　　　　　　1：1b　恵みと平和の祈願（祝祷）
　　　　　1：2‐10　感謝の祈り（1）
　　　　　　1：2‐4　受信人の信仰と愛の想起
　　　　　　1：5‐10　パウロの伝道説教とテサロニケ人たちの回心の回顧
本　　文　2：1‐12　パウロの宣教者としての生き方の回顧
　　　　　　2：1‐6　宣教動機の純粋性
　　　　　　2：7‐12　パウロと信徒達の関係の回顧：親と子の喩え
　　　　　2：13‐16　感謝の祈り（2）神の言葉の受容と受難
　　　　　2：17‐3：13　執筆理由
　　　　　　2：17‐20　パウロのテサロニケ再訪の希望
　　　　　　3：1‐5　テモテのテサロニケ派遣
　　　　　　3：6‐13　テモテの帰還とパウロの喜び
　　　　　4：1‐12　聖なる生活への勧め
　　　　　　4：1‐8　神に喜ばれることと聖なる生活を送ること
　　　　　　4：9‐12　兄弟愛と勤勉の勧め

　　　　　4：13‐5：11　終末待望と勧め
　　　　　　　4：13‐18　キリストの来臨と死者の復活
　　　　　　　5：1‐11　主の日の突然の到来と信仰者の備え
　　　　　5：12‐22　相互の助け合いと祈りの勧め
　　　　　　　5：12‐15　主にある訓戒の務めと相互の勧め
　　　　　　　5：16‐22　祈りの勧め
　結語部　5：23‐28　祈りと祝祷
　　　　　　　5：23‐24　聖化を祈り求める
　　　　　　　5：25　パウロ達のために祈る要請
　　　　　　　5：26　聖なる口づけによる挨拶の勧め
　　　　　　　5：27　公の朗読の勧め
　　　　　　　5：28　恵みの祈願（祝祷）

　(2)　書簡論的考察
　この内容構成は，導入部，前書き（送信人，受信人，祝祷），感謝の祈り（神の讃美，呪いの宣言），本文，結語（挨拶，祝祷）というパウロ書簡の基本構造を備えている．Ｉテサロニケ書の執筆時期は，後50‐51年と推定されるので，この手紙は現存最古のパウロ書簡であり，パウロ型の初期キリスト教の書簡の最初の例である．
　Ｉテサロニケ書の内容構成の特殊な点は，感謝の祈りが2回出て来ていることである（1：2‐10；2：13‐16）．これは感謝の祈りの真ん中に，パウロの宣教動機の純粋性を弁明する2：1‐12の部分が割り込んでいる形となっているためである．本文の部分は，3：13の末尾に付されているアーメンによって区切られ，パウロとテサロニケ人達との関わりの歴史の回顧の部分と（2：1‐3：13），様々な勧めの部分とに（4：1‐5：22）分けられている．
　近年，この書簡を古代書簡論の視点から分類する試みが，英語圏の学者達を中心になされている．例えば，Ａ・Ｊ・マルハーブは，書簡の後半部が勧告的な内容を内容としていることに注目して，この手紙を「勧告的書簡（parenetic letter）」であるとした．これに対して，Ｅ・クレンツは，修辞学的な概念を援用して「助言的書簡（deliberative letter）」としている．他方，Ａ・スミスは，苦難の中にある信徒達を慰め，励ますことがこの手紙の機能で

あるとして，「慰めの書簡（letter of consolation）」説を唱えている．私は，この手紙の機能は，勧告と励まし・慰めのすべてを含んだ「パラクレーシス的書簡」という初期キリスト教に特有なジャンルに属すると主張している（IIコリ1：1‐11を参照）．ギリシア語でパラクレーシス（παράκλησις）とは，勧告と励まし・慰めのすべてを意味し，テサロニケ書を理解するための鍵概念となっている（2：3）．この点についての詳しい議論は，拙著『パウロの宣教』教文館，1998年，32‐62頁を参照のこと．

　2．パウロらとテサロニケ人たちの対話の過程
　（1）パウロによるマケドニア伝道とテサロニケ人たちの回心
　テサロニケは元々アレクサンドロス王配下の将軍カッサンドロスによって紀元前315年に設立されたヘレニズム都市であり，パウロらが活動した帝政ローマ期にはローマ帝国の属州マケドニアの首都とされ，総督府が置かれていた（ストラボン『地誌』7.7.4，タキトゥス『年代記』1.76.4）．テサロニケ市は自由市としてある程度の自治が認められており，ブーレー（βουλή）と呼ばれる参事会とエクレシア（ἐκκλησία）と呼ばれる民会があり（使17：5ではデーモスδῆμοςと呼ばれている），ポリタルカイ（πολιτάρχαι首長）と呼ばれる指導者達によって率いられていた（使17：6, 8）．この町はエグナシア街道沿いの交通の要衝にあり，他の地方から来た移民が多く移り住み，かなりのサイズのユダヤ人人口も見られた．この町は他のヘレニズム都市と同様に，宗教的には様々な宗教が混在する多神教の世界であった．中でも，ディオニソス教とカビルス礼拝は重要であり，この町の守護神的な位置を占めていた．
　パウロとシラス（シルワノ）とテモテは，紀元49年頃に第2宣教旅行の一環としてフィリピ伝道に続いてテサロニケ伝道を行い，この地に教会を設立した（使17：1‐9）．テサロニケ人たちは，パウロの伝道説教を受け入れて，キリスト教に回心した（Iテサ1：5‐10）．キリスト教宣教者であるパウロの立場からすると，天地の創造者である唯一の神以外に神は存在せず（ロマ3：10；Iコリ8：4, 6），異教徒達は神を知らない者達（Iテサ4：5；ガラ4：8），希望のない者達となる（Iテサ4：13）．パウロは，異教の神々を礼拝する人々に対して，偶像礼拝者として強い非難を浴びせている（Iコリ5：10‐11；6：9；10：7；ガラ5：20）．テサロニケ人たちにとりキリスト教への回心とは，先祖伝来の

神々を捨て去り，「活ける真の神」に帰依することを意味した（Ⅰテサ1：9‐10）．

　　(2)　パウロの退去と迫害の到来

　パウロらはまもなく，テサロニケを去り，ベレア伝道（使17：10‐15），アテネ伝道（使17：16‐34；Ⅰテサ3：1‐5），コリント伝道（使18：1‐16；Ⅰテサ3：6‐10）に従事した．パウロが去った後，テサロニケではパウロが予告していたキリスト教迫害が起こったが，テサロニケ人たちは苦難の下に置かれた（Ⅰテサ3：1‐5）．テサロニケの信徒達を迫害したのは，ローマの官憲ではなく，彼らの民族同胞であるテサロニケの町の指導者達や市民達であった（Ⅰテサ2：14；使17：1‐9）．パウロは迫害下にあるテサロニケの信徒達の身を案じて，アテネからテモテを遣わして安否を尋ねた（Ⅰテサ3：1‐5）．パウロはその後まもなく，アテネを去ってコリントへ赴いた．

　テモテが任務を果たして，コリント伝道に従事していたパウロにテサロニケの信徒達が迫害にも動じず，信仰に堅く立っている様子を伝えるとパウロは非常に喜んだ（Ⅰテサ3：6‐10）．その時に，テサロニケ人たちは，終末が来る前に死んだ人たちの運命や（4：18‐25），終末の時が来る時点についての質問を（5：1‐11），テモテに託してパウロに伝えた．

　　(3)　書簡執筆による勧め・励まし

　コリントにいたパウロは，テモテの報告を受けて（Ⅰテサ3：6‐10），テサロニケ人達に勧めと励ましの手紙を書いた．これが，現在私たちに伝えられているⅠテサロニケ書であり，執筆年代は紀元50‐51年頃と推定される．

　3．文学的・神学的特色

　　(1)　この書簡においてパウロは最初のマケドニア伝道の時のテサロニケ人達の回心の本質を回顧することを通して，彼自身が行った宣教内容を要約している．Ⅰテサ1：9‐10に要約されているパウロの伝道説教は，異教の神々の信仰から，唯一の神に立ち帰り，活ける真の神に仕えることと，神の迫り来る怒りからの救いを与える方として，死人のうちより甦った神の子イエスの到来を待ち望むことを要素としている．同様な，異邦人へ向けた伝道説教のパターンは，使徒行伝の著者によってパウロに帰されている二つの伝道説教にも認められる（使14：14‐15；17：5‐31）．異教の神々から活ける神に立ち帰るという

主題は，使14：15にも出て来る．使徒言行録の著者は，ここでヘレニズム教会の異邦人向け伝道説教の最も基本的要素である，異教の神の礼拝の放棄と天地を造られた唯一の神への回心を引用していると推定される．使徒言行録17章のアレオパゴスの説教の結論部分は，迫り来る神の審判を前に悔い改めを迫ることを内容としている（17：30‐31）．これらの説教との類似により，40年代の終わりの時期にパウロがテサロニケで行った伝道説教はヘレニズム教会の異邦人向け伝道説教の基本的型に一致すると結論出来る．

　（2）パウロがテサロニケでなした倫理的勧告の内容を復元する手掛かりは，Ⅰテサロニケ書の中で，パウロがテサロニケ人達に彼が以前に与えた教えを思い起こすように促している部分にある（2：9；2：11‐12；3：4；4：1b；参照：ガラ5：21b）．実のところ，Ⅰテサロニケ書の勧告の内容の多くの部分は，伝道時にパウロが与えた倫理的勧告の想起と繰り返しであり，Ⅰテサロニケ書の勧告的性格はパウロのテサロニケ伝道説教の勧告的性格に負っていると言える．パウロのテサロニケ人達への倫理的勧告の核心は，「御国と栄光へとあなた方を召したもう神に相応しく歩むこと」（2：12），「あなた方がどのように歩み，神を喜ばせなければならないのか」（4：1b）ということにある．その具体的模範は，パウロら宣教者自身である．彼らは労苦しながら福音を宣べ伝え（2：9），「信仰深く，義しく，責められることのない」生活をしながら（2：10），父が子らに対するように，「勧め，励まし，諭していた」のだった（2：12a）．

　（3）パウロは元々テント職人であり（使18：3），伝道地において職業労働に従事して自らの宣教活動を経済的に支えた（使18：3；Ⅰコリ9：1‐18）．テサロニケにおいても，コリントにおけると同様に（Ⅰコリ9：1‐18；Ⅱコリ11：7‐11）パウロは信徒達に経済的負担を掛けないために，職業労働に従事した（Ⅰテサ2：9‐10）．宣教活動の傍ら職業労働に従事した自分の行動を範にとって，パウロはテサロニケの信徒達に職業労働に励む勤労の倫理を説いている（Ⅰテサ2：9‐10；4：11‐12；5：14）．共観福音書に伝えられている，家族や財産や職業を棄て，主にすべてを委ねて，何も持たずに巡回伝道に従事する（マタ10：1‐12；マコ6：6‐11；ルカ9：1‐6；10：1‐12），原始教会の宣教者たちとは異なる宣教者のエートスがここには見られる．

　（4）初期のキリスト教徒達は強い終末期待を持っており，自分たちが生き

ている間に主の来臨が起こると考えていた（Ⅰテサ4：15）．しかし，テサロニ
ケでは，来臨の出来事が起こる前に，死亡する信徒が出てきて，終末時の彼ら
の運命が問題になった．パウロがこの手紙の中で「眠りについた人々」と呼ぶ
のは（4：13，14，15），会員の中で既に死亡した者たちのことである．パウロ
は主の来臨についての初期キリスト教の伝承を引用しながら，既に世を去った
信徒達が，終末の最終的な救いの可能性について，生きている信徒達に比して
不利な立場に無いことを告げ，このことによってテサロニケ人達に互いに励ま
し合うように促している（特に，4：18）．終末時に神の右に座する人の子が雲
に乗り天使達を従えて到来することは，共観福音書の来臨に関する伝承も伝え
ているが（マタ26：64；マコ13：26‐27；14：62；ルカ22：69‐70），パウロ
がここで引用する伝承は来臨の場面をより詳細に描いている点で特異である．
終末の時には合図の号令が大天使によって発せられ，ラッパの音が鳴り響く中
を世界の王であるキリストが天から降ってくる（Ⅰテサ4：16）．するとまず，
物故した信徒達がまず復活して空中に挙げられて主に会い，次に生きている信
徒達が雲によって空中に挙げられて主と出会い，いつまでも主と共にいること
になる（Ⅰテサ4：16‐17）．このような来臨の場面に関する初代教会の黙示的
伝承をパウロは以前から知っていたのだが，テサロニケ伝道の時には回心者た
ちに告げず，後になって彼らからの質問に答える形で伝えたのであった．これ
は，信仰に入って日が浅い信徒達に終末の場面を過度に強調して，思弁に耽る
ことを避けようとした配慮であったと推測される．

　他方，終末が何時来るのかという共観福音書伝承にも見られる疑問が（マタ
24：36；マコ13：32），テサロニケ人達にも起こってきたようであるが（Ⅰテ
サ5：1），パウロは初期キリスト教の主の言葉伝承を引用しながら，その時は
神以外は誰も知らず，主の日は盗人がやって来るように突然訪れるのであるか
ら，終末の時点についての無用な詮索をせず，何時来ても良いように常に備え
ておくように勧めている（Ⅰテサ5：1‐8）．この態度は，共観福音書が伝える
主の言葉伝承と軌を一にしている（マタ24：36‐44；マコ13：32‐36）．パウ
ロは特に主の来臨は世界の審判の時であるが，主の死と復活によって信徒達は
究極の救いに定められ，常に「主と共に生きる」希望を与えられていることを
告げる（Ⅰテサ5：9‐12）．

　こうして，パウロが語る世の終わりについての教えは，信徒達を慰める言葉

となっているのである（Iテサ5：12）.

＜参考文献＞

松永晋一「テサロニケ人への第一の手紙」『総説新約聖書』日本基督教団出版
　　局，1981年，220‐234頁.

同『テサロニケ人への手紙』日本基督教団出版局，1996年.

井上大衛「テサロニケの信徒への手紙一」『新版　総説新約聖書』日本基督教団
　　出版局，2003年，184‐193頁.

原口尚彰「パウロのテサロニケにおける伝道説教」『日本の神学』第33号（1996
　　年）50‐70頁（=『パウロの宣教』教文館，1998年，10‐31頁）.

同「初期パウロのパラクレーシス」『基督教論集』第39号（1996年）69‐80頁
　　（=『パウロの宣教』教文館，1998年，32‐48頁）.

同「パウロによる新しい書簡タイプの創造」『新約学研究』第24号（1996年）
　　13‐22頁（=『パウロの宣教』教文館，1998年，49‐62頁）.

Holtz, T. *Der erste Brief an die Thessalonicher*. EKK XIII. Zürich：Benzinger；
　　Neukirchen‐Vluyn：Neukirchener Verlag, 2. Aufl. 1990.

Jewett, R. *The Thessalonian Corrrespondence*：*Pauline Rhetoric and Millenian
　　Piety*. Philadelphia：Fortress, 1986.

Malherbe, A. M. *Paul and the Thessalonians*. Philadelphia：Fortress, 1987.

Wanamaker, C. A. *Commentary on 1 & 2 Thessalonians*. Grand Rapids：
　　Eerdmans, 1990.

第2節　Iコリント書

1．内容構成と書簡論的分析
(1)　内容構成

導入部　1：1‐3　序言：発信人，受信人，頌栄句
　　　　1：4‐9　神への感謝
本　文　1：10‐17　分争の存在と主にある一致の勧め
　　　　1：18‐2：16　十字架の（宣教の）言葉
　　　　3：1‐4：21　神の建物としての教会と宣教者達の役割

(2) 書簡論的考察

　この書簡は，導入部と（1：1‐3 序言，1：4‐9 神への感謝）結語部は
（16：13‐20 紹介とことづて，16：21‐24 祝祷句），パウロ書簡の定型に従っ
ているが，本文部分は当時のコリントの教会に起こった教理上，倫理上の様々
な事柄を順不同に取り扱っており，明確な構成は認められない．

　古代書簡理論の視点からすれば，Ⅰコリント書は全体として「勧告的書簡」
（偽デメトリウス『書簡タイプ論』第11類型；偽リバニオス『書簡形式論』第
1類型）のタイプに属するが，部分的には「訓戒的書簡」（偽デメトリウス
『書簡タイプ論』第7類型；偽リバニオス『書簡形式論』第5類型）の要素や
（Ⅰコリント5章と10章を見よ），「弁明の書簡」（偽デメトリウス『書簡タイプ
論』第18類型；偽リバニオス『書簡形式論』第10類型）の要素も見られる（Ⅰ
コリント9章と15章を見よ）．

2．執筆事情：使徒と信徒達との対話の過程

(1) 紀元50‐51年コリントでの，最初の伝道

パウロは，コリントに第2宣教旅行の途上，失敗に終わったアテネ伝道の後に立ち寄っている（使18：1‐17；Iコリ3：6，10；4：15；9：1）．パウロのコリント伝道の絶対年代は，使18：12‐17に言及されているコリント総督ガリオンの任期を推定させるガリオン碑文の存在から，紀元50年から51年と推定出来る．

コリントは属州アカヤの首都であり，エーゲ海とアドリア海の地峡に位置する地の利を生かして中継貿易地として発達した港町であった（ストラボン『地理書』8.6.20）．この町は，紀元前146年にローマに反逆したためにローマ軍によって破壊されたが，紀元前44年にユリウス・カエサルによって再建され，後の繁栄の基礎が置かれた（ストラボン『地理書』8.6.20；10.5.3；パウサニアス『ギリシア案内記』2.1.1‐2）．

町の守護神はアフロディーテであり，コリント湾を見下ろすアクロ・コリントの丘にあった神殿ではその祭儀が行われていたが（ストラボン『地理書』8.6.20），イシスやセラピス等の外来の密儀宗教の神殿も存在していた（パウサニアス『ギリシア案内記』2.4.6）．市街地にはポセイドン（パウサニアス『ギリシア案内記』2.1.7‐9），デュオニソス，アポロン（パウサニアス『ギリシア案内記』2.2.6‐8），アテナやヘルメス等のギリシアの神々の神殿が林立し（パウサニアス『ギリシア案内記』2.3.1‐7），当時のギリシア・ローマの大都市の例に違わず，多神教的な宗教世界であった．

パウロはコリントでは，クラウディウス帝のユダヤ人追放令によってローマからやって来たユダヤ人信徒プリスキラとアキラの家に寄宿し，夫妻と共に天幕作りの仕事に従事しながら伝道した（使18：2‐4）．パウロ自身の言葉によれば，彼の宣教は十字架に架けられたキリストを宣べ伝えることに集中していた（Iコリ1：10‐25；2：1‐5；さらに，ガラ3：1‐5を参照）．パウロの言葉を聞いてキリスト教に入信した人々の多くは異邦人であった（Iコリ8：7；使18：8）．教会堂がなかった当時のことなので，信徒達は，有力信徒の家を拠点に礼拝と宣教活動を行っており，パウロはアカヤの初穂ステファナの家（Iコリ1：16；16：15），クロエの家（Iコリ1：11）に言及している．コリント教会にはその他に，クリスポとガイオ等の信徒達の名前が見える（Iコリ1：14；使18：8）．最初の回心者達の多くは低い社会層からの出身者が中心であり，社会的・政治的には「無きに等しい者達」であった（Iコリ1：18‐31）．

　異邦人信徒達にとってキリスト教への入信は，先祖伝来の異教の神々へ仕えることから，天地の造り主である唯一の神へ回心することを意味した（Ⅰコリ8：1‐6；さらに，Ⅰテサ1：9‐10を参照）．パウロは回心者達に，初代教会からヘレニズム教会を介して伝えられた重要な信仰告白伝承を伝え，信仰生活の土台を与えた．彼自ら受け，最も大切なこととして伝えたのは，最後の晩餐を想起し，教会の礼典である聖餐式を設定する聖餐伝承と（Ⅰコリ11：23‐26），キリストが死人のうちから復活したことを語る主の復活伝承であった（Ⅰコリ15：1‐7）．

　(2) 紀元51‐53年その後に生じた変化（問題）

　パウロが次の伝道地に向かうためにコリントを去った後，コリント教会には教理的・倫理的な様々な問題が生じてきた．当時の教会は使徒，預言者，教師と呼ばれる巡回伝道者達が，様々な地域の教会を巡り歩いて指導する体制であり，コリントにもアレクサンドリア出身の伝道者アポロ等（Ⅰコリ1：12；3：4‐9，20，22；使18：27‐19：1），パウロ以外の伝道者達が訪れて来て宣教活動を行った．コリントでは，信徒達がどの伝道者の指導を受けたか，或いは，誰から洗礼を授けられたかで派閥が生じ，相争う事態が生じた（Ⅰコリ1：10‐17；3：1‐9，22）．

　第2の問題は，信徒達の1部に特別な霊的知識を持っていると主張して，傲り高ぶる傾向が生じたことであった（Ⅰコリ2：6‐16；8：1‐13を参照）．天地の創造主以外神は存在せず，異教の神々の像は人間の手で造った偶像に過ぎないという認識を持つ者達が，異教の神々に捧げられた肉を食べても，異教の神々を礼拝することにならないと主張して，他の信徒達に躓きを与えていた（Ⅰコリ8：1‐13）．また，信徒達の一部に性的放縦の問題が生じたり（Ⅰコリ5：1‐13），財産をめぐる争いのために訴訟を世俗の法廷に起こす者達もいた（Ⅰコリ6：1‐11）．

　異言が流行する等（Ⅰコリ14：1‐19），礼拝秩序の混乱も混乱が見られ，聖餐式の参加者の間にも，式に先行する食事で十分な食料と飲料を用意出来る者達と用意出来ない者達の差が目立っており，教会の分裂を象徴する場となっていた（11：17‐22）．

　教理的な事柄に関して言えば，キリスト教信仰の根幹の一つである，終わりの時における死者の復活を否定する者達が出てきていた（Ⅰコリ15：12‐19，

29‐34）．

　教理上，倫理上の混乱に加えて，パウロの使徒職についての疑問も会員の中
に生じてきたが，それは特に彼の宣教師としての生活の仕方に向けられていた
（Ⅰコリ9：3‐23）．コリントの批判者達は，すべてを捨てて宣教に専心し，職
業活動を行わず，泊まる場所，食べる物，着る者等の生活物資をすべて支持者
達の扶養に委ねる最初期の宣教者達の原則から離れ（マタ10：10；ルカ10：
7；Ⅰコリ9：4‐5を参照），天幕作りという職業活動によって自らを経済的に
支えたことに向けられていた（Ⅰコリ9：6，12；使18：2‐3を参照）．

　（3）紀元53‐55年エフェソにおける手紙の執筆

　パウロは，エフェソにおいてこれらの問題に聞き及び（Ⅰコリ1：11クロエ
の家から，Ⅰコリ7：1；7：25；8：1コリントの教会からの手紙による照会），
教会への助言のためにⅠコリント書を執筆し送付した（Ⅰコリ16：8；使19：
1‐10）．この書簡の基調は，コリント人達に対して，以前に伝えた福音の本質
に立ち帰った上で，個々の問題に適切な指針を与えることにあった．

　2．文学的・神学的特色

　（1）十字架の神学

　十字架（スタウロス）は，当時ローマ帝国の官憲が反逆者に対して適用した
残虐な極刑の道具であり，ギリシア・ローマ世界においては陰惨なイメージし
か持っていなかった．十字架に架けられたキリストが救い主であるという十字
架の言葉は，彼らにとっては愚かでしかなかった（Ⅰコリ1：18‐25）．また，
ユダヤ人に対しては，十字架に架けられた無力なメシアとは矛盾であった．さ
らには，木にかけられた者は呪われているという律法の規定もあり（申21：
23；ガラ3：13），十字架に架けられた救い主の宣教は彼らにとって大きな躓き
であった（Ⅰコリント1：23）．しかし，キリストの十字架を宣べ伝える十字架
の言葉は，ユダヤ人には躓き，ギリシア人には愚かであるが，信じる者には，
救いを得させる神の力であり，神の知恵である（Ⅰコリ1：18，23‐24）．パウ
ロはこの十字架の言葉こそが，信じる者に救いを得させる，神の力，神の知恵
であると主張した（Ⅰコリ1：18‐25）．キリストの十字架に救済論的意義を認
め，福音宣教の中心に置いたのは，パウロの独自な神学的貢献であったと言え
る（Ⅰコリ1：18，23；2：2；ガラ3：1)．パウロは，コリントやガラテヤで伝

道する当初から，十字架に架けられたキリストを宣べ伝えた（Ⅰコリ2：1-5；ガラ3：1-5）．パウロの十字架の宣教には，霊の力が伴い（Ⅰコリ2：4；ガラ3：5），十字架に架けられた主を信じた者たちは，霊の賜物を受けたのだった（ガラ3：3，5）．

(2) キリストの死

　キリストが罪人のために死んだと解して，キリストの死に救済論的意義を認めることは，パウロ以前に遡る伝承に存在しており（ロマ3：25；5：6，8；8：23；Ⅰコリ5：7；10：14-15；15：3），最初期のキリスト教がキリストの死に直面して行った神学的格闘の成果を示している．こうしたキリストの死の理解の形成にあたっては，旧約聖書の贖罪の表象（出21：30；30：12；レビ5：5-6，7-13，15-19；9：1-21；16：1-34；23：27-32；民35：31-34），奴隷の贖い（身請け）の表象（出21：2-8；レビ25：48-51；申15：12-18），イザヤ書53章の苦難の僕の姿（イザ53：3-5，10-12），さらには，ヘレニズム・ユダヤ教が発達させた義人の死による民の罪の贖いの表象（Ⅱマカ7：37-38；Ⅳマカ6：27-29；17：21-22を参照）が複合的に働いたのであろう．例えば，ロマ3：24-25は，初期キリスト教の伝承句を引用しながら，キリストの贖いや（レビ5：16-19；9：1-21；16：11-34；23：27-32を参照），キリストの血による罪の贖いの供え物の表象に言及している（Ⅳマカ17：22を参照）．

　Ⅰコリ15：3-7は原始教会に遡る復活伝承を伝えているが，なかでも，3節は，「キリストは聖書に従い，私たちの罪のために（ὑπὲρ τῶν ἁμαρτιῶν ἡμῶν）死んだ」と述べ，キリストの死が罪人の罪の贖いのための代理の死であったことを明らかにしている（ロマ4：25；5：8；8：3；ガラ1：4；Ⅱコリ5：21も同様）．こうしたキリストの死の解釈は，他人の罪を負ってその罰を受けて死んだ苦難の僕について語るイザヤ書53章の言葉に依拠している（特にイザ53：3-5，10-12）．

(3) キリストの復活

　キリストの死と復活は一体として救いの出来事を構成しており，キリストの死と復活の使信は，原始教会の伝承に遡る（ロマ1：4；6：2-5；10：9；Ⅰコリ15：3-7）．パウロはコリント伝道においても回心者達に対して，キリストの復活の伝承を最も大切な事柄の一つとして伝えていた（Ⅰコリ15：1-3）．

キリストの復活は，死人の復活の初穂であり（Ⅰコリ15：20），信徒達に終末時のキリストの勝利と死者の復活の希望を与える（特にⅠコリ15：12 - 34を参照）．

　（4）聖霊の宮としての体

　パウロは神が宿る神殿の表象を援用して，信徒達の体を，聖霊が宿る神殿に喩える（Ⅰコリ3：16 - 17；6：18 - 20）．この比喩から，信徒達には聖なる霊が宿る宮である体を汚してはならないという義務が生じる（Ⅰコリ5：1 - 13；6：18 - 20）．パウロは祭儀概念を日常生活に適用しながら，性に関して適切な行動を取るための動機付けを与えるのである．

　（5）聖霊の賜物とキリストの体（教会論的視点）（12：1 - 31）

　Ⅰコリント書においてパウロは，信徒達が受ける霊の賜物の事実を（ロマ8：15；Ⅰコリ12：13；ロマ4：6），教会論的に展開している．民族や社会的身分の相違を問わず，洗礼を受けた者は，同一の霊を与えられて，一つのキリストの体に組み込まれている（Ⅰコリ12：12 - 13）．信徒達はキリストの体の肢体として様々な働きをしているが，それは全体のためである（Ⅰコリ12：14 - 26）．信徒は同一の霊の賜物として，信仰や癒しや奇跡を行う力や預言する能力や異言を語る力やそれを解釈する能力等，様々な教会の務めが与えられているが，それはすべて教会という全体の益になるためである（Ⅰコリ12：4 - 11）．パウロは様々な賜物の相違から教会内に対立や分裂が生じている現状にたいして，同一の霊の働きによる一致と多様性を語り，様々な職務や賜物からなる教会の一体性を強調している．

　（6）パウロと対立する信徒達の性格

　コリント教会の信徒達の一部は，特別な霊的知識を持っていると主張して（Ⅰコリ2：6 - 16），他の信徒達に対して傲り高ぶる傾向を持っていた（Ⅰコリ8：1 - 13）．彼らは天地の創造主以外神は存在せず，異教の神々の像は人間の手で造った偶像に過ぎないという認識（グノーシス）から，異教の神々に捧げられた肉を食べることを意に介しなかった（Ⅰコリ8：1 - 13）．また，彼らの一部には，性的放縦の問題が生じていた（Ⅰコリ5：1 - 13）．異言を語ることを重視する等，礼拝における熱狂主義的傾向も示している（Ⅰコリ14：1 - 19）．教理的な事柄に関して言えば，彼らは終わりの時における死者の復活を否定していた（Ⅰコリ15：12 - 19, 29 - 34）．これらの現象は，明らかにグノ

ーシス的兆候を示しているが，グノーシス主義のメルクマールである，反宇宙論的二元論や，本来の天的世界と現実世界（被造世界）の絶対的対立の観念（前者を価値とし後者を否定評価する）や，自分は天の世界に属しており，現実世界に属しないという自己理解，さらには，現実世界の中で自分の本来の起源を忘却している魂に対して，本来の認識（グノーシス）をもたらすことによって，この世の支配を脱し本来の世界へと回復する救済神話を，この書簡におけるパウロの断片的言及から認定出来る訳ではない．コリントの熱狂的信徒達の示す傾向は「前グノーシス」と呼ぶのが適当であろう．

＜参考文献＞

松永晋一「コリント人への第一の手紙」『総説新約聖書』日本基督教団出版局，1981年，267‐286頁．

同『新共同訳新約聖書注解Ⅱ』日本基督教団出版局，1991年，72‐122頁．

青野太潮「コリントの信徒への手紙一」『新版　総説新約聖書』日本基督教団出版局，2003年，223‐243頁．

荒井献「コリント人への第一の手紙におけるパウロの論敵の思想とグノーシス主義の問題」『新約聖書とグノーシス』岩波書店，1986年，171‐204頁．

同「『十字架の言葉』と『知恵の言葉』」前掲書205‐226頁．

原口尚彰「パウロ書簡における十字架の躓き」『ペディラヴィウム』第39号（1994年）19‐29頁．

R・ホック（笠原義久訳）『天幕づくりパウロ』日本基督教団出版局，1990年．

Conzelmann, H. *Der erste Brief an die Korinther.* KEK 5, 2. Überarbeitete und ergänzte Auflage. Göttingen：Vandenhoeck & Ruprecht, 1981.

Merklein, H. *Der erste Brief an die Korinther.* Gütersloh‐Würzburg：G. Mohn, 1992.

Schrage, W. *Der erste Brief an die Korinther.* EKK VII/1‐4. Zürich‐Neukirchen‐Vluyn：Neukirchener Verlag, 1991‐2001.

第3節　Ⅱコリント書

1．内容構成と書簡論的考察

（1）内容構成

導入部　1：1‑11
　　　　　1：1‑2　発信人，受信人，祝祷句
　　　　　1：3‑11　神の讃美，苦難の中でのパラクレーシス（慰め）
本　文　1：12‑13：10
　　　　　1：12‑2：13　旅程変更，宣教の言葉の真実，涙の手紙
　　　　　2：14‑7：4　宣教者の務め：主の死と命を背負う，新しい契
　　　　　　　　　　　約，キリストの福音に仕える
　　　　　7：5‑16　マケドニア到着，テトスと会う，パラクレーシス
　　　　　　　　　　　（慰め）
　　　　　8：1‑24　エルサレムの聖徒たちへの献金の勧め（1）
　　　　　9：1‑15　エルサレムの聖徒たちへの献金の勧め（2）
　　　　　10：1‑13：10　使徒職の弁明：ユダヤ人であること，苦難，扶
　　　　　　　　　　　養請求権，啓示，訪問の予告
結語部　13：11‑13
　　　　　13：11‑12　一致の勧め
　　　　　13：13　祝祷句

(2)　書簡論的考察
　a．文章の続き具合と中間訪問の問題
　この手紙を読み通すときに文章の続き具合の問題が出てくる．第1に，Ⅱコ
リ1：12‑2：13ではマケドニアへ行く主題が登場するが，直後に続く部分には
それが継続されず，遙かに離れた7：5‑16になってやっと再登場する．第2
に，Ⅱコリ1：12‑2：13；7：5‑16では使徒と会員との争いは解決し，和解と
感謝の調子に満ちた調子の文章が書かれているのに，その少し後に出てくる
10：1‑13：10の部分では使徒と会員たちとの関係は緊張を孕み，使徒職の弁
明と論敵達への激しい調子の批判が展開されている．第3に，Ⅱコリ2：4にお
いてパウロは，多大な艱難と心の憂いの中から書き送った所謂「涙の手紙」に
言及しているが，現存していない．この失われた手紙の一部が，10：1‑13：
10の部分に収録されている可能性がある．第4に，使徒言行録はパウロによる
2回のコリント訪問しか言及していないが（Ⅱコリ18：1‑18；20：2），Ⅱコ
リ2：1；12：14；13：1‑2は訪問が3回行われることを示唆しており，使徒言

行録に報告されている 2 回の訪問の間の時期に，別の訪問（中間訪問）があったことを示している.

ｂ．書簡の複合的性格

以上の問題に対して論理的に一貫した説明を与えるために，Ⅱコリント書は本来は別々の複数の手紙が後に一つの手紙の形にまとめられたとする，複合書簡説が提唱されている．複合書簡説といっても論者によって様々なバリエーションがあるが，最も説得力がある仮説として受け入れられているのが，下記の五つの書簡が現存のⅡコリント書を構成しているという説である（G・ボルンカム，松永晋一）.

手紙Ａ　2：14 - 7：4　弁明の書簡
手紙Ｂ　10：1 - 13：10　涙の手紙
手紙Ｃ　1：3 - 2：13, 7：5 - 16　和解の手紙
手紙Ｄ　8：1 - 24　聖徒たちへの献金の勧め（1）
手紙Ｅ　9：1 - 15　聖徒たちへの献金の勧め（2）

ｃ．書簡論的視点から五つの手紙は，以下のように分類出来る.

手紙Ａ　2：14 - 7：4　「弁明の書簡」（偽デメトリウス『書簡タイプ論』第18類型；偽リバニオス『書簡形式論』第10類型）
手紙Ｂ　10：1 - 13：10　「弁明の書簡」（偽デメトリウス『書簡タイプ論』第18類型；偽リバニオス『書簡形式論』第10類型）
手紙Ｃ　1：3 - 2：13, 7：5 - 16　「賞賛の書簡」（偽デメトリウス『書簡タイプ論』第10類型），または，「和解の書簡」（偽リバニオス『書簡形式論』第15類型）
手紙Ｄ　8：1 - 24　「勧告的書簡」（偽デメトリウス『書簡タイプ論』第11類型；偽リバニオス『書簡形式論』第 1 類型）
手紙Ｅ　9：1 - 15　「勧告的書簡」（同上）

２．執筆事情：使徒と信徒達との対話の過程

（1）紀元51 - 53年頃に，パウロがエフェソにおいてⅠコリント書執筆した

後，コリントにパウロが「超使徒たち」と呼ぶ（Ⅱコリ11：5），パウロとは異なった福音理解を持つ巡回宣教者達がやって来て「異なるイエス」を説いた（11：4）．さらに，彼らはパウロの使徒としての資質を攻撃したので，コリント人達の間にパウロの使徒職への疑問が生じた．

　（2）この事情をエフェソにあって聞き及んだパウロは，手紙A（2：14-7：4 弁明の書簡）を執筆し，キリストの福音の宣教のために召された自己の使徒職の弁明に努めた．

　（3）しかし，事態は好転しなかったので，パウロはコリントを訪ねてコリント人達の説得を試みた．これが，所謂「中間訪問」であるが（2：1；12：14；13：1-2参照），この訪問は両者の衝突に終わり，良い結果をもたらさなかった．

　（4）エフェソに戻ったパウロは，深く傷ついて怒りを込めて，彼の使徒職を弁明し，コリント人達を非難する厳しい調子の手紙Bを書いて（10：1-13：10 涙の手紙）テトスに託してコリント教会へ届けた（2：13；7：6）．

　（5）テトスをコリントへ送り出した後，パウロはエフェソでローマの官憲に捉えられ，裁判にかけられて，その判決を待つ状態に置かれた（Ⅰコリ15：32；フィリ1：12-26）．死刑判決が下されるかも知れない艱難の中で，パウロは死を覚悟し，死人を生き返らせることが出来る神に希望を託した（Ⅰコリ15：32；Ⅱコリ1：3-7，8-11）．その後，幸いなことにパウロは釈放され，テトスに会うためにマケドニアへと出掛けた（Ⅱコリ2：13）．

　（6）マケドニアへ移動したパウロは，テトスと再会し，そのもたらした吉報に大きな慰めと喜びを受けた（Ⅱコリ7：5-6）．テトスの語るところによれば，コリント人達はパウロが書き送った「涙の手紙」を読んで衝撃を受け，今までの態度を改め，再びパウロを信頼することとなったのであった（7：7-15）．この知らせを受けて，喜びと感謝のうちにパウロがマケドニアからコリントへ書き送ったのが，手紙C（1：3-2：13，7：5-16 和解の手紙）である．

　（7）コリント教会との関係を回復したパウロは，マケドニアから2度にわたってコリントに向けて，エルサレムの聖徒たちを支援するための献金を勧める書簡を書き送った．これが，手紙D（8：1-24 聖徒たちへの献金の勧め[1]）と手紙E（9：1-15 聖徒たちへの献金の勧め[2]）である．

３．文学的・神学的特色

　（1）この書簡には宣教者の実存についての深い神学的考察を示すいくつか
の発言が見られるが，これらは主として論敵である宣教者たちの主張に，パウ
ロが対置したものである．彼らはパウロとは異なる福音理解を持ったキリスト
教宣教者であり，「異なるイエス」，「異なる福音」を宣べ伝えていた（Ⅱコリ
11：4；さらに，ガラ1：6‐9を参照）．パウロは彼らを徹底的して否定的に描
き，「偽使徒」，「邪悪な働き人」（Ⅱコリ11：13），「義の奉仕者にサタンが変装
した者たち」と呼ぶ（11：14‐15）．彼らはユダヤ人の宣教者であり，「アブラ
ハムの子孫」，「キリストに仕える者」と自称し，宣教者としての苦難をくぐり
抜けたことを誇っていた（11：24‐30）．他方，彼らは働くことをせず伝道に
専念し（11：7‐8），推薦状を携帯して正規に派遣された宣教師であることを
示そうとした（3：1‐3；10：12‐17）．彼らは弁論術に優れ（11：5‐6），奇
跡を行うことを彼らの使徒職が真正であることのしるしとした（12：11‐
12）．こうした特色は，ヘレニストたち（使6：1‐8：40）や，マルコ末尾の付
加部分の描く宣教者像に並行している（マコ16：15‐18）．

　論敵達にパウロが対置する宣教者像は，対極的であった．パウロらは，キリ
ストにおける新しい契約に仕える奉仕者である（Ⅱコリ3：4‐4：6）．新しい
契約に仕える務めは，霊によるいのちと自由をもたらすが（3：6，17‐18），
文字に書かれたモーセの古い契約に仕える務めは，断罪と死と隷属をもたらす
（3：7‐10）．宣教者はイエスの苦難と死を身に負う土の器であり，その復活の
いのちに与る者である（4：7‐15）．パウロも他の宣教者達同様にしるしを行
う者であるが（12：11‐12；さらに，ロマ15：19を参照），キリストの力が自
分の内に宿るために，自らの能力や功績ではなく，むしろ弱さを誇る（Ⅱコリ
12：9‐10）．

　（2）パウロはエフェソで体験した迫害の中でキリスト者の苦難についての
洞察を深めた．艱難の中に置かれることは，キリストの苦難に与ると共に，そ
の慰めにも与ることである（Ⅱコリ1：3‐7）．イエス・キリストの父なる神が
与える慰めを受ける者は，苦難の中にある他の信徒達を慰めることが出来る
（1：3‐7）．

　死の危険が迫る中で，最終的な希望は死者を復活させる力を持つ神にかかっ
ている（Ⅱコリ1：8‐11；さらに，Ⅰコリ15：32を参照）．殉教の危険に晒さ

れている宣教者は，常にキリストの死と復活の命を身に負うのである（Ⅱコリ
4：7 - 15）．

　（3）Ⅱコリント書においてパウロは福音宣教を創造論・契約論の視点から
考察している．創世記によると「光あれ」という言葉によって闇の中に光を創
造した神は（創1：2 - 4），神の似姿であるキリストの顔に輝く神の栄光を福音
の言葉を通して輝かす（Ⅱコリ4：4 - 6）．神は真実であり（Ⅱコリ1：18；Ⅰ
テサ5：24），救いの約束をイエス・キリストにおいて成就する．イエス・キリ
ストにおいて，神の約束は「然り」となったのであり，その証印が信徒の心に
与えられている聖霊である（Ⅱコリ1：15 - 22）．

　（4）パウロは，Ⅱコリント3章において，キリストにおける新しい契約に
仕える奉仕者の職務について述べると共に（Ⅱコリ3：4 - 11），旧約聖書のキ
リスト論的解釈原理を明らかにしている．パウロによれば，モーセが顔に掛け
たベールは（出34：29 - 35），古い契約の書である旧約聖書を読む者の心に掛
かっている（Ⅱコリ3：13 - 15）．このベールはキリストにあって初めて取り除
かれるのであるから（Ⅱコリ3：16 - 18），キリストの光によって旧約聖書を読
むことが勧められている．

<参考文献>

松永晋一「コリント人への第二の手紙」『総説新約聖書』日本基督教団出版局，
　　1981年，287 - 302頁．

石川康輔「コリントの信徒への手紙二」『新共同訳新約聖書注解Ⅱ』日本基督教
　　団出版局，1991年，123 - 155頁．

青野太潮『「十字架の神学」の成立』ヨルダン社，1989年．

同「コリントの信徒への手紙二」『新版　総説新約聖書』日本基督教団出版局，
　　2003年，244 - 259頁．

山田耕太『新約聖書と修辞学』キリスト教図書出版社，2003年．

Barrett, C. K. *The Second Epistle to the Corinthians*. London：Black, 1973.

Bultmann, R. *Der zweite Brief an die Korinther*. KEK Sonderband. Göttingen：
　　Vandenhoeck & Ruprecht, 1976.

Furnish, V. *Ⅱ Corinthians*. Anchor Bible 32A. Garden City, NY：Doubleday,
　　1984.

Thrall, M. E. *The Second Epistle to the Corinthians*. ICC. Edinburgh：T & T

Clark, 1994.

Bornkamm, G. "Die Vorgeschichte der sogenannten 2 Korinther," *Evangelische Theologie* 53 (1971) 162 - 94.

Georgi, D. *Die Gegner des Paulus im zweiten Korinther*. Neukirchen - Vluyn：Neukirchener Verlag, 1964.

Güttgemanns, E. *Der leidende Apostel und sein Herr*. Göttingen：Vandenhoeck & Ruprecht, 1966.

第4節　フィリピ書

1．内容構成と書簡論的考察
(1) 内容構成

導入部　1：1 - 11
　　　　　　　　1：1 - 2　発信人，受信人，祝祷句
　　　　　　　　1：3 - 11　神への感謝：福音のための交わり，福音の弁証，愛が増し加わる
本　文　1：12 - 4：20
　　　　　　　　1：12 - 26　パウロの入獄と心境：投獄と福音の前進，生と死への思い
　　　　　　　　1：27 - 2：18　勧告：福音に相応しく歩む，苦難，一致，謙遜，キリスト讃歌
　　　　　　　　2：19 - 3：1　テモテの派遣とエパフロディトの送還
　　　　　　　　3：2 - 4：1　論敵の問題とパウロの信仰の核心：信仰による義，模倣の勧め
　　　　　　　　4：2 - 9　主にある一致と平和の勧め
　　　　　　　　4：10 - 20　支援金への感謝
結語部　4：21 - 23
　　　　　　　　4：21 - 22　言づて（挨拶）
　　　　　　　　4：23　祝祷句

（2）書簡論的考察

　ａ．現存の書簡を読むと，前後関係や繋がりの上で困難な箇所がある．第1に，フィリ2：25‐3：1においてパウロは，エパフロディトをフィリピ教会へ帰すことを語るが，手紙の終わり近くの4：10‐20において，エパフロディトを通して獄中のパウロに届けられた支援金への感謝を述べている．事柄の時系列的順序からすると，当然4：10‐20は，2：25‐3：1に先立って書かれたと推定される．第2に，エパフロディトの送還を語る2：25‐3：1の部分から，パウロとは福音理解を異にする宣教者達への厳しい警告を内容とする3：2‐4：1の部分への移行は，主題の上でも，語調の上でも急激である．これらの問題を説明するために考えられたのが，現存のフィリピ書は元々別々に書かれてフィリピ教会へ送られた複数の手紙が後に一つに纏められたとする複合書簡仮説である．現在の通説は，下記の三つの手紙が後に一つにまとめられたとしている．

手紙Ａ　4：10‐20　支援金への感謝
手紙Ｂ　1：3‐3：1　パウロの投獄と福音の前進，エパフロディトの送還
手紙Ｃ　3：2‐4：9　論敵批判，信仰による義，模倣，主にある一致と平和の勧め

　ｂ．古代書簡論の視点からは，書簡の性格は，下記の通りに分類出来る．
手紙Ａ　「感謝状」（偽デメトリオス『書簡タイプ論』第21類型，偽リバニオス『書簡形式論』第6類型）
手紙Ｂ　「勧告的書簡」（偽デメトリオス『書簡タイプ論』第11類型，偽リバニオス『書簡形式論』第1類型））
手紙Ｃ　「勧告的書簡」（同上）

２．執筆事情：使徒と信徒達の対話の過程
　（1）紀元49‐50年：最初のフィリピ伝道（使16：11‐40）
　パウロは第2宣教旅行の途上に，小アジアのトロアスから船出して，サモトラケを経て，マケドニアのネアポリスに上陸した．彼はそこからエグナシア街道を西進し，フィリピに着いて，伝道に従事することとなった（使16：11‐12）．フィリピは元々はクレニデスと呼ばれていたが，紀元前356年にマケドニ

ア王フィリッポス2世によってマケドニアの首都とされ，フィリピの名が与えられた．しかし，紀元前168年以来，マケドニア全体がローマの支配下に入り，ローマの属州となった．紀元前42年のフィリピの戦いの後，アントニウスはフィリピをローマの植民市と定め，退役軍人の多くを住まわせた．紀元前31年のアクティウムの海戦の後，アウグストゥスは町を再建し，イタリアの諸都市と同様な免税の特権を与えた．パウロが訪れた頃のフィリピはローマの影響が強い町であった．

　パウロの宣教によって回心し，福音に与る者達が生じた（フィリ1：5 - 6）．フィリピ教会の有力な信徒の中には，エパフロディト（2：25 - 30；4：18），エボディアとシンティケ（4：2），クレメンス（4：3），リュディア（使16：14 - 15，40）等の名前が挙げられる．

　(2) フィリピ伝道の後，パウロはエグナシア街道をさらに西進し，アンフィポリスとアポロニアを経てテサロニケへ赴き，宣教活動に従事した（使17：1）．パウロがテサロニケ伝道に際して困窮することがあると，フィリピ教会は経済的な支援を行った（フィリ4：15 - 16）．

　(3) 紀元50 - 51年：短いベレア伝道を経て（使17：10，- 15），パウロは南下してアテネ伝道を試みた後（17：16 - 34），属州アカヤの首都コリントへ至り，比較的長期の宣教活動に従事する（使18：1 - 17）．コリント伝道の際にパウロは，天幕職人として職業活動に従事して生活費を稼いだが（Ⅰコリ9：6，12；使18：2 - 3を参照），フィリピ教会を中心とするマケドニアの諸教会からの支援も受けていたと推定される（Ⅱコリ11：7 - 10）．

　(4) 紀元51 - 53年：コリントを去ってカイサリア経由でエルサレムを訪ねた後（使18：23），パウロはアジア州の首都エフェソで長期の宣教活動に従事する（使19：1 - 40）．

　後に，パウロはエフェソでローマの官憲に捉えられ投獄された（Ⅰコリ15：32；フィリ1：12 - 26；Ⅱコリ1：3 - 11）．この時に，フィリピ教会は獄中のパウロの身を案じて，エパフロディトを派遣して，支援金を届けた．

　(5) 紀元53年頃：獄中で支援金を受け取ったパウロは，フィリピの教会に宛てて手紙A（4：10 - 20支援金への感謝）を書き送った．

　(6) 暫くして，パウロはフィリピ教会に手紙B（1：3 - 3：1）を書き送ったが，これは安否を尋ねるフィリピ人達に対して，近況を知らせることが目的

であった．パウロの投獄によって，福音の宣教が阻害されることなく，かえって福音の宣教が進んでいることをパウロは告げている（1：12 - 26）．他方，パウロはフィリピ教会からやって来たエパフロディトをフィリピに帰すことを決意し，フィリピ教会に対して彼を快く受け入れるようにとりなしている（2：19 - 3：1）．使徒とフィリピ教会の信徒たちとの関係は終始親しく，関係が壊れたことは一度もない（コリント教会やガラテヤ教会との波乱に満ちた関係とは対照的）．両者の間には，困難な迫害の状況の中でも福音宣教に共に与る者としての連帯が存在している（1：27 - 30）．

　　（7）その後，フィリピ教会を取り巻く状況が変化し，様々な問題が出現した．一つは，ユダヤ的背景を持つ宣教者の宣教がマケドニアに及び，教会が混乱する危険であった．また，パウロはフィリピ教会内部の有力信徒達の間に生じた紛争も聞き及んでいた．この新しい状況を踏まえて，パウロは手紙C（3：2 - 4：9）を執筆し，厳しい論敵批判を展開して，信仰による義を説く一方で，「喜びであり，冠である，愛する者達」と呼ぶフィリピの信徒達に対して（4：1），主にある一致と平和の勧めを行うに至った（4：2 - 7）．

3．神学的特色
（1）福音宣教の神学

　福音（εὐαγγέλιον「エウアンゲリオン」）は，七十人訳においてヘブライ語ベソーラー（בְּשׂרָה）の訳語として用いられるギリシア語名詞である（サム下18：20, 22, 27；王下7：9 LXX；但し女性形（εὐαγγελία「エウアンゲリア」）．この名詞の動詞形（בִּשַּׂר, εὐαγγελίζομαι）は，イザヤ書において救いを伝えることの術語的表現として使用されている（イザ40：9；52：7；60：6；61：1；詩40 [39]：10；68 [67]：12；96 [95]：2 LXX）．初代教会の伝承は，キリストの死と復活を福音の中核的内容として伝えた（ロマ1：2 - 4；Iコリ15：3 - 7を参照）．

　パウロは使徒としての職務を，福音を弁証する者（フィリ1：7, 16），福音を宣べ伝える者（ガラ1：8, 11），キリストのために苦しむ者と理解する（フィリ1：29）．使徒は神の言葉を語り（フィリ1：14），それによって福音は前進する（1：12）．キリストを信じる信徒は，福音に与っており（フィリ1：5），福音に相応しく生活し（1：27），福音のために戦うべく召されている（1：

27；4：3)．彼らもまた，福音宣教の働きに参加し (4：15)，共に苦しむ者である (1：29；4：14)．こうして，福音の宣教を通した連帯が使徒とフィリピ教会の信徒たちとの間に成立し，この書簡においては宣教における苦難と終末待望の喜びの定旋律が奏でられることになる (1：29‐30；4：4‐5)．

(2) 信仰義認論

この書簡においても，信仰義認論はパウロの論敵たちの主張との対決において展開されている．但し，フィリピ書が前提にしている事態は，Ⅱコリント書やガラテヤ書ほど深刻ではない．それは，論敵である宣教者達がまだフィリピに到着していないからである (フィリ3：2「警戒しなさい」)．

フィリピ書に言及されている論敵たちは，ユダヤ人キリスト者 (フィリ3：2「割礼の傷を付けている者たち」) であり，イスラエル民族に属することを誇りとする者たち (フィリ3：3‐4) であった．彼らの誇りの中心は律法を与えられているということであり，律法を守ることによって神の前に義を得ることであった (3：6, 9)．彼らの理解によれば，信仰は律法を守ることと対立関係にあるのではない．πίστις (信実，信仰) とは，キリストへの信仰であると同時に神への信実である．神の意志の具体化である律法を守ることは，旧約の歴史を通してイスラエルの民と救いの約束を与えられた (創12：1‐3；15：1‐6；17：1‐14) 神との契約を守ることである (申5：1‐33；出20：1‐17；Ⅰマカ2：20‐21, 24, 27, 50)．割礼は神と民との契約のしるしであった (創17：7‐14)．πίστις (信実，信仰) は試練においてあくまで神に忠実であることであり，アブラハムはその忠実さ (πιστός) 故に義とされたと理解された (Ⅰマカ2：52；シラ44：20)．論敵たちの理解によれば，キリストは律法の終わり (ロマ10：4) ではなく，その完成者である．

パウロはこうした論敵たちの考え方を，民族的誇り，人間的思いそのものであると見る (フィリ3：3‐5, 19)．律法を守ろうと努力することは，律法の行いによる自分の義を神の前に立てようとする自己義認の努力に他ならない (3：9)．パウロにとって神の義は付与されるものであり，キリストを信じる信仰によって受けるしかないものである (3：9)．信仰とはキリストの死と復活の使信を信じて，その力に与ることである (3：10‐11)．信仰者はキリストによって捉えられ，永遠の救いを目指して走り続ける者である (3：12‐16)．

(3) 十字架論

　キリストの謙遜と高挙を描いたキリスト讃歌（2：6‐11）に，パウロは「十字架の死に至るまで」という句を付け加える（2：8c）．ここでは十字架がキリストの自己犠牲的生き方の極みと理解されている．これに対して，割礼や律法に具現された民族的誇りにこだわる論敵たちの思いは，地上の事柄，人間的思いに留まり，彼らの生き方は十字架という自己否定の契機を欠いている．従って，彼らは「十字架に敵対して歩いている」（フィリ3：18）．フィリピ人達は，勿論，キリストの謙遜と自己犠牲的生き方に倣うように勧められている．

＜参考文献＞

松永晋一「ピリピ人への手紙」『総説新約聖書』日本基督教団出版局，1981年，254‐264頁．

佐竹明『ピリピ人への手紙』新教出版社，1969年．

山内真『ピリピ人への手紙』日本基督教団出版局，1987年．

同「フィリピの信徒への手紙」『新版　総説新約聖書』日本基督教団出版局，2003年，207‐216頁．

Lohmeyer, E. *Der Brief an die Philipper*. KEK；Götingen：Vandenhoeck & Ruprecht, [8]1930.

O'Brien, P. *The Epistle to the Philippians*. Grand Rapids：Eerdmans, 1991.

Hawthorne, G.F. *Philipians*. WBC43；Waco, TX：Word Books, 1983.

第5節　フィレモン書

1．内容構成と書簡論的考察
（1）内容構成

導入部　1‐7
　　　　　　1‐3　前書き：送信人，受信人，祝祷
　　　　　　4‐7　感謝の祈り
本　文　8‐22
　　　　　　8‐14　オネシモを主人であるフィレモンの下に返す告知
　　　　　　15‐22　オネシモを赦し，兄弟として受け入れることの要請

第9章　パウロ書簡

結語部　23‐25

　　　　23‐24　挨拶

　　　　25　祝祷

(2) 書簡論的考察

　フィレモン書は僅か25節からなる，真正パウロ書簡中で最も短い書簡である．しかし，パウロ書簡の基本要素は（導入部［前書き：送信人，受信人，祝祷］，感謝の祈り，本文，結語部［挨拶，祝祷］）すべて備えている．

　書簡の性格は，機能論的に考察すると複合的であり，「紹介状」（偽デメトリオス『書簡タイプ論』第2類型，偽リバニオス『書簡形態論』第3類型）と「依頼状」（偽デメトリオス『書簡タイプ論』第12類型，偽リバニオス『書簡形態論』第4類型）の両方の性格を兼ね備えている．

　2．執筆事情：使徒と信徒たちの対話の過程

　　(1) 紀元51‐52年：パウロのエフェソ伝道とフィレモンの回心（フィレ19）

　　(2) フィレモンのコロサイ移動と家の教会（フィレ2）の開始

　　(3) 紀元52‐53年：エフェソでのパウロの投獄とオネシモの回心（Ⅰコリ15：32；フィレ9‐10）

　　(4) エフェソにおけるフィレモン書の執筆とオネシモのコロサイ帰還

　3．文学的・神学的特色

　　(1) 前書き部分は送信人，受信人，祝祷から構成される．フィレモン書は送信人の筆頭にパウロの名前を挙げるが，その後にテモテの名前を共同発信者として挙げている．フィレモン書の本文部分では（8‐22），パウロが一貫して一人称単数形（「私」）で語っているので，パウロが自分の通常の習慣に従って（Ⅰテサ1：1；フィリ1：1；Ⅱコリ1：1を参照），テモテを共同発信者として挙げることは奇異な印象を与えるが，書簡が共同執筆という形式を採っていることは，この書簡が個人的な性格と共に，公的な性格を併せ持っていることを示している．同様なことは，この書簡の本文が（8‐22）一貫して受信人のフィレモンに二人称単数形（「あなた」）で語り掛け，フィレモン所有の逃亡奴隷オ

ネシモの処遇についての要請を内容としているにも拘わらず，受信人としてフィレモンだけでなく，アフィア，アルキポらコロサイ教会の他の指導者や，さらにはフィレモンの家の教会全体を受信人として挙げていることに対応している．フィレモン書は家の教会の指導者としてのフィレモンに宛てられた公開の手紙である以上，単なる個人的な手紙ではなく，公的な性格を併せ持っていると言える．

　(2) フィレモン書の本文においてパウロは，自己の使徒としての権威に訴えることをしないで，むしろ信仰者であるフィレモンの愛と自発性に訴えて，オネシモに対する寛容な処置を引き出そうとしているので（フィレ8‐14を参照），前書きにおいても使徒という称号の使用を控えたのであった．このことの背景にはさらに，奴隷オネシモに対する主人フィレモンの法的権利を十分承知しているパウロが（14節），自分が使徒として命じることが出来る権利を敢えて行使せず，身を低くして懇願する（παρακαλῶ）姿勢をとることが（8, 19‐20節），フィレモンが主人としての権利を行使せず，愛に基づいた行動をとることの模範となると考えているという事情があるのであろう．

　他方，フィレモン書は獄中という特別な状況の中で書簡が執筆されたことを強調して，δέσμιος Χριστοῦ Ἰησοῦ（「キリスト・イエスの囚人」）という他には見られない称号を用いている（フィレ1, 9）．パウロは本文部分で（ἐν τοῖς δεσμοῖς τοῦ εὐαγγελίου「福音のために入獄中に」）という表現を用いており，δέσμιος Χριστοῦ Ἰησοῦ（「キリスト・イエスの囚人」）とは，キリストの福音を説いたために投獄されている者を意味すると考えられる．この称号の使用はエフェソの獄中にあるパウロの現況を端的に表すと同時に（Ⅰコリ15：32；Ⅱコリ1：8‐11；フィリ1：12‐26を参照），彼の福音宣教者としての信頼性を示すものであり，修辞学的に言うと語り手のエートスの確立を目指している．他方，この称号の使用によって獄中にあることを強調することは，続く本文において獄中に置かれた状態の中でパウロがオネシモと関わりを持ち，彼を回心に導いたことを述べる伏線にもなっている（フィレ10）．

　(3) パウロはガラ3：28とⅠコリ12：13において，洗礼を受け霊を付与された者は，「奴隷も自由人もなく」キリストにあって一つであると，初代教会の洗礼定式を引用しながら，述べている．この発言の射程は，フィレモン書における逃亡奴隷オネシモの処遇について表明されたパウロの見解を考え合わせ

ることによって明らかになる．パウロは奴隷オネシモに対する主人フィレモン
の法的権利を了承し，争うことをしていない（フィレ14）．社会的身分関係と
して主人‐奴隷関係は存続することを前提に，教会内の対人関係においては，
フィレモンがオネシモを信仰の兄弟として迎えるようにとパウロは懇願してい
るのである（フィレ19‐20）．社会的身分の相違を越える信仰の論理は，この
段階では教会の壁を越えた世俗の社会関係の変革までも視野に入れているので
はなかったのである．

＜参考文献＞

松永晋一「ピレモンへの手紙」『総説新約聖書』日本基督教団出版局，1981年，
　　264‐267頁．
井上大衛「フィレモンへの手紙」『新版　総説新約聖書』日本基督教団出版局，
　　2003年，217‐222頁．

W・マルクスセン（渡辺康麿訳）『新約聖書緒論』教文館，1984年，140‐145
　　頁．
原口尚彰「フィレモン1‐7の修辞学的分析」『基督教論集』第45号，2002年，
　　35‐47頁．

第6節　ガラテヤ書

1．内容構成と書簡論的考察
（1）内容構成

導入部　1：1‐5　前書き（発信人，受信人，頌栄句）
　　　　1：6‐9　驚きの表明，呪いの宣言
本　文　1：10‐2：21　過去の歩みの回顧（ユダヤ教徒，召命，使徒会議，
　　　　　　　　　　　衝突，信仰義認）
　　　　3：1‐4：31　律法から自由な福音の真理性の証明（宣教の回顧，
　　　　　　　　　　聖書証明）
　　　　5：1‐6：10　福音の自由に生きる（キリストの自由，自由と愛，
　　　　　　　　　　御霊の実）

　　結語部　6：11‐17　結語（割礼を強いる者たちの動機，十字架を誇る，新
　　　　　　　　　　　　しい創造）
　　　　　　6：18　祝祷句

（2）書簡論的考察

　ａ．この書簡は以下の3点において，通例のパウロ書簡の構成とは異なっ
ている．第1に，通常は導入部では前書きの後に感謝の祈りの部分が来るのに
（ロマ1：6‐8；Ⅰコリ1：3‐9；Ⅱコリ1：2‐7他），ガラテヤ書にはそれがな
く，驚きの表明と呪いの宣言が置かれている（ガラ1：6‐9）．第2に，本文の
セクションの冒頭にかなり長大な過去の歩みの回顧の部分がある（ガラ1：
10‐2：14）．第3に，結語の部分に通例では頌栄句の前に挨拶が置かれている
のに（ロマ16：3‐6；Ⅰコリ16：19‐20；Ⅱコリ13：12；フィリ4：21‐22；Ⅰ
テサ5：26；フィレ23‐24），この書簡には欠けている．第1と第3の点によっ
て，ガラテヤ書は感謝なく始まり，挨拶抜きで終わる，大変単刀直入で厳しい
調子の手紙であるということが分かる．状況の急迫と使徒と受信人との関係の
悪化がこのような異例の書簡形式を生んだのであろう．第2の点は，二つの宣
教の競合という修辞的状況と関連している．複数の宣教が競合する場合，宣教
者たちは使信の受け手たちに対して自らとその語る福音の正当性を強調するた
めに，しばしば自分の背景や宣教者としての歴史について語ったのであった
（Ⅰコリ11：21‐33を参照）．

　ｂ．ガラテヤ書が書かれた契機は，パウロがガラテヤを去った後に，ユダ
ヤ人キリスト者の伝道者たちがやって来て（ガラ6：12‐13），割礼を受けるこ
とと（5：2‐6；6：12）ユダヤ教の祭事暦を守ることとを含む「福音」を説い
たために（4：10），ガラテヤの信徒たちが，パウロの説いた福音から離れて
「異なった福音」へと赴き（1：6‐8），割礼を受けようとする者が出て来たこ
とにある（5：2‐6）．この事態を聞き及んで憂慮したパウロは，この書簡を書
き送って，ガラテヤ人たちを福音の真理に立ち戻り（2：14；4：16），割礼を
受けることを思い留まる（5：2‐6）ように促したのであった．従って，この
書簡の果たす機能は，古代書簡理論によれば「勧告的書簡」の類型に該当する
（偽デメトリオス『書簡タイプ論』第11類型；偽リバニオス『書簡形式論』第
1類型）．「勧告的書簡」は，偽リバニオスの分類によれば受信者に対して「自

分自身の判断を提供することによって，あることをするように促すか，或い
は，あることをしないように促す」書簡タイプである（偽リバニオス『書簡形
式論』第1類型）．

2．執筆事情
(1) 手紙の宛先についての二つの可能性
a．ガラテヤ地方説（北方ガラテヤ説）

　この説によれば，パウロが手紙の冒頭で述べている「ガラテヤの諸教会」は
（ガラ1：2），小アジア中央部のアンキラを中心とした地域である「ガラテヤ地
方」にあった．ここはケルト人（ガラテヤ人）が定住した地域であり，民族的
にはフリギア人とケルト人が住んでいた（ストラボン『地理書』2. 139；12.
571）．この地域をパウロは第2宣教旅行の際に通過し（使16：6），第3宣教旅
行の際にその地の信徒たちを激励していることである（18：23）．さらに，パ
ウロが受信人達に，「物分かりが悪いガラテヤ人よ」（ガラ3：1）という呼びか
けていることもこの説を支持する一つの根拠である．

b．属州ガラテヤ説（南方ガラテヤ説）

　この説によれば，ここで問題になる「ガラテヤ」とは，属州ガラテヤであ
り，ガラテヤ地方の他に，フリギア地方，パンフィリヤ地方，リカオニア地
方，ポントス地方等を含む広大な地域である（プトレマイオス『地理学』5：
4；Corpus Inscriptionum Latinarum 3254；Corpus Inscriptionum Graecarum
4011；4020；4030）．「ガラテヤの諸教会」と述べる時（ガラ1：2），パウロが
具体的に念頭に置いているのは，デルベ，リストラ，イコニオンであり，パウ
ロが第1宣教旅行の際に教会を設立した地域である（使14：1 - 18）．さらに，
パウロは教会の地理的位置を述べる際に属州名を用いることが多いこともこの
仮説を支持しているとされる（「ユダヤ」Ⅰテサ2：14；「アカヤ」Ⅰコリ16：
15；Ⅱコリ1：1；9：2；「アジア」Ⅰコリ16：15；ロマ16：5）．但し，パウロ
は属州名であっても地方名として使用することがある（ガラ1：22；Ⅱコリ
11：10）．

　全般的な傾向として言えば，ドイツ語圏の学者達にはガラテヤ地方説（北方
ガラテヤ説）を採用する者が多く，英語圏の学者達には属州ガラテヤ説（南方
ガラテヤ説）を採用する者が多い．二つの説は論拠の点で拮抗しており，甲乙

付けがたいが，北方ガラテヤ説の方が幾分蓋然性が高いと考えられる．

　（2）執筆時期と場所

　北方ガラテヤ説を採用すれば，第3宣教旅行でパウロがガラテヤ地方を訪れた後（使18：23）となるのでこの書簡は紀元51年以後に執筆されたことになる（ガラ4：13は書簡執筆以前に2度の訪問がなされたことを前提にする）．この時期にパウロがある程度長期の滞在をしたのは，エフェソ（52-54年）とマケドニア（55-56年）とコリント（56-57年）である．第3宣教旅行の途中にコリントで書かれたと考えられるロマ書との主題的な近さから，ガラテヤ書は紀元56-57年頃にコリントで書かれた可能性が高い．ただし，ロマ書の方がより成熟したパウロの思想を表しているので，ガラテヤ書はロマ書の少し前に書かれたと考えられる．

　（3）使徒と信徒たちとの対話の過程

①　紀元48-49年頃：パウロによるガラテヤ伝道（ガラ1：6-8；4：13-15；使16：6）

②　ガラテヤ人たちの回心＝パウロの説いた福音の受容（ガラ3：1-5；4：8-11）

③　他の伝道者たちによる「異なった福音」（1：6-8）の宣教と信徒たちへの影響（教理と生活）：割礼を受ける（ガラ5：2-6；6：12）こととユダヤの祭事暦の遵守（4：10）

④　紀元56-57年：ガラテヤ書の執筆と送付＝パウロによる福音の再提示：福音の真理の論証

　3．文学的・神学的特色

　（1）論敵である宣教者たちの説いた律法の遵守を含む福音を受け入れそうになったので（ガラ1：6-7），パウロが伝えた本来の福音から離れてしまいそうな信徒たちを，手紙によって説得してもう一度律法から自由な福音の真理に引き戻そうとしている．パウロは受信人達に，ガラテヤでの過去の福音宣教の原点を思い起こすよう促しながら（ガラ3：1-5；4：8-11），さらに福音の真髄を掘り下げている（3：6-4：31）．

　（2）パウロは直接にはガラテヤの信徒たちに語りかけており，論敵である伝道者たちと直接には言葉を交わしていない（Ⅱコリント書，フィリピ書でも

同様）．論敵たちの直接の言葉を記した文書は残されていないため，論争相手であるパウロの言葉を手がかりに，「鏡に映った姿を読む（mirror reading）」ことしか出来ない（Lyons；J. M. G. Barclay）．パウロの発言を検証しながら得られる論敵たちの歴史像は以下の通りである（詳しくは『福音と世界』1996年3月号70‐75頁を参照）．

　　a．割礼を受けたユダヤ人の（ガラ6：12）キリスト教宣教者である（4：8）．

　　b．彼らはパウロが説く律法（トーラー）から自由な福音とは「異なった福音」（1：6）を説いた．両者の相違点は，後者が律法の遵守（3：1‐5；5：14, 23）とりわけ割礼を受けること（5：2‐6；6：12‐13）とユダヤ教の祝祭日を守ること（4：10）を含んでいることにある．

　　c．パウロによる論敵たちは，パウロの宣教に対して優越性を主張し，彼らの説く福音に従って律法の一部を行うことは，パウロの福音によって端緒を付けられたガラテヤ人達の救いの過程に完成をもたらすことであると考えていた（3：3）．神を信じる者は，神の御心の具体的形である律法（ロマ2：17‐20）を行うことによって生きるのであった（ガラ3：12, 21；ロマ10：5；レビ18：5；申4：1を参照）．他方，彼らがガラテヤ人たちに対して展開した論理の中核に祝福と呪いの選択というレトリックが存在していたことが注目される．彼らの論理によれば，神の永遠の契約のしるしである割礼を受けて「アブラハムの子」となることによって（創17：10‐14, 19），アブラハムに与えられた神の約束（創12：1‐3, 7；15：4‐7, 18‐21；17：8）と祝福（創12：2‐3）を嗣ぐ者となる（ガラ3：6‐9, 15‐18, 29；4：21‐30）．他方，律法の下に立たず，律法を行わない者は呪われていると宣言された（ガラ3：10；さらに，申27：26；28：15‐18；29：13‐20を参照）．

　申命記はアブラハム契約の祝福のテーマを継承して，ヤハウェが父祖たちに与えると誓った地を祝福する一方（申26：15），イスラエルの民を祝福して子孫の数の増大と繁栄を与えるとしている（7：13‐14）．申命記は，イスラエルが神の祝福に与る条件として，出エジプトの後に与えられた主の戒めを遵守することを挙げる（申7：6‐12；11：26‐32；28：1‐24）．特に，申29：1‐30：30に収録されているモーセの演説は，イスラエルの民に対して神との契約に入り，契約の条項である戒めを守れば祝福が与えられ，戒めを守らないなら

ば呪いが下されることを告げ，聴衆であるイスラエル人たちに祝福と呪い，いのちと死との間の選択を迫っている（11：26‐30；28：1‐19も参照）.

　申命記的な祝福と呪いのレトリックは，初期ユダヤ教では特に死海文書に反映が見られる他（『宗規要覧［1QS］』2. 1‐10；『祝福の言葉［1QSb］』1. 1‐7），初期キリスト教の倫理的勧告にも影響を与えている.

　マタイ福音書は滅びに至る広い門といのちに至る狭い門との選択を読者に迫っている（マタ7：13‐14）. ディダケーは，いのちに至る道（1：1, 2）と死に至る道（1：1；6：1）とを提示して，読者にいのちに至る道を選ぶように勧めている. いのちに至る道とは神と人とを愛することであり（ディダケー1：2），死に至る道とは十戒に示された規範に反する行いをすることである（5：1‐2）. 同様に，バルナバの手紙は光の道（バルナバ18：1；19：1, 12）と闇の道（20：1）を提示して，読者たちに光の道を選ぶように勧めている.

　　　(3) パウロは論敵たちが援用した祝福と呪いのレトリックに対して，ガラテヤ人たちにキリストを信じる信仰だけで「アブラハムの子」となり，約束された祝福を受けるのに十分であることを論じ（ガラ3：6‐9, 14, 22, 29），祝福へ至る道を提示している. 彼はその裏付けとなる具体的証拠としてガラテヤ人たちがパウロの宣教を信じる信仰を通して霊を受領した事実を強調した（ガラ3：1‐5；さらに，使10：28, 44‐45；11：14‐15も参照）. 霊の力の働きは（ガラ3：5, 14），当時，宣教の真正性の証明として理解されており，パウロもしばしば援用している（ロマ15：19；Ⅰテサ1：5；Ⅰコリ2：4）.

　キリスト教への回心以前は熱心なユダヤ教徒であった前歴を持つパウロは（ガラ1：13‐14；フィリ3：4b‐6），申命記的な祝福と呪いのレトリックを知っていたと推測される. 彼は律法の戒めを守ることによって祝福に与り，律法を守らないことによって呪いを受けるというヘブライ的レトリックを逆転させ，律法の下に立つことはむしろ律法の呪いの下に立つことであると論じ，キリストは十字架上に上げられることによって自ら律法の呪いを引き受け，律法の呪いの下にある者を贖い出したとする（ガラ3：13；さらに，申21：23；27：26を参照）. パウロの理解によれば，律法（の呪い）からの解放こそが，キリストの福音の真理（ガラ2：5, 14；4：16）である. さらに，律法の遵守（3：1‐5；2：15‐21；5：14, 23を参照）を含むために，パウロの説く福音とは「異なった福音」（1：6）を宣べ伝える者に対して呪いを宣言している（1：

9)．ここに見られるパウロのレトリックは，旧約聖書に由来する祝福と呪いのレトリックを前提にして，しかもそれを逆転させており，それまで全く前例のない福音的レトリックを創出していると評価出来る．

(4) 十字架の神学

　a．ガラテヤ伝道と十字架の宣教

最初のガラテヤ伝道の際のパウロの宣教の中心は「十字架に架けられたイエス・キリスト」であった（ガラ3：1 - 5；さらに，Ⅰコリ2：1 - 5を参照）．パウロはガラテヤ書の読者であるガラテヤ人たちに対して，彼らが最初に十字架の言葉を聞き，回心した時のことを再度思い起こすように促している（ガラ3：1 - 5）．パウロの理解によれば，パウロが語った福音とガラテヤ人たちの入信行為の真正性は，彼らが聖霊を受けた事実によって立証される（ガラ3：2，5）．パウロの宣教は聖霊の働きによるのであり（Ⅰコリ2：4 - 5；Ⅰテサ1：5），人間的な言葉の説得力によるのではない．これに対して，論敵たちの宣教は，人間的な説得の努力であり，神的起源を持たない（ガラ5：7 - 8）．

　b．十字架の神学と義認論

ガラ3：1 - 5の部分は，パウロ神学において，十字架論と義認論がどのような形で結びついているのかを考える糸口を与えている．この部分は，ガラテヤ書全体の修辞的な構造からすると，信仰義認論のテーゼの提示（2：15 - 21）を承けて，テーゼの証明を試みる論証部分（3：1 - 4：31）の冒頭に位置している．パウロはこの部分において，まずガラテヤ人たちが記憶している体験的事実に言及して彼らの関心を喚起した後，続く3：6 - 9において，創世記のアブラハム伝承を再解釈して，彼が信仰によって義とされ（ガラ3：6；創15：6を参照），その信仰の足跡に従う者たちの祝福の基となり（ガラ3：8 - 9；創12：3；18：18を参照），信仰者の父祖となったと論じて（ガラ3：7，29），聖書証明を与えている．

3：1 - 5の部分の議論の第1の焦点は，ガラテヤ人たちが福音の言葉を聞いて回心した際に，霊を受領した根拠は何であったかということである．このことを彼は，「律法の行いによるのだろうか，それとも，告知の信仰によるのだろうか？」という二者択一の問いを読み手であるガラテヤ人たちに突きつけて，彼らに鋭く迫っている（3：3，5）．この問いは修辞的であり，パウロは聞き手であるガラテヤ人たちが「告知の信仰による」という回答をすることが暗

黙の前提となっている．ガラテヤ人たちが，彼らに語られた十字架の宣教の言葉を信じることを通して霊を受けた事実が，律法のわざによって義とされることはなく，イエス・キリストへの信仰によってしか義とされないという信仰義認の原理の真実性を示す証拠となっている（2：16を参照）．

　他方，十字架表象の二次的展開として，パウロは十字架が死刑の執行手段であることに注目して，「キリストと共に十字架に架けられる」ということを語る（ガラ2：19）．この表現は信仰者の実存において古い自分が死滅し，キリストに導かれた新しい自分が与えられることを象徴的に示している．これがキリストと共に十字架に架けられた者の内に，「キリストが生きる」ということであり（2：20を参照），キリストの姿が出来るということである（4：19）．このことは，言葉を換えて言えば，キリストを信じる者たちが，信仰を通してキリストに属する者になることである（5：24）．キリストと共に十字架に架けられた者は，滅ぶべきこの世に属する人間的な誇りから解放され，主の十字架だけを誇っている（6：14）．キリストと共に十字架に架けられた者にとり，「この世は十字架に架けられ，自分もまたこの世に対して十字架に架けられている」のであり，もはや，この世的な価値観は支配力を持たない（6：15）．

　ｃ．十字架の躓きの克服：異なる福音との対決

　ガラ5：11では，「十字架の躓き」の主題はキリスト者も割礼を受けることが必要であるとする論敵の主張を論駁する文脈で展開されている．律法の遵守を中心に置くユダヤ的救済理解にとり，律法から自由なパウロの福音は（2：1-10）ユダヤ教の教えの冒瀆と見えた．この点はガラテヤでは，キリストを信じる信仰を持つに至った異邦人キリスト者が，ユダヤ教の割礼の規定を守らなければならないのかという問題に於いて先鋭化した（2：1-10；5：2-12）．古い契約の神の民のしるしであった割礼を（創17：9-14のアブラハム伝承を参照）不要とする福音（ガラ1：6-9；2：7-9）を宣べ伝えたパウロは，旧約以来の伝統的神の契約の中の中心的規定をないがしろにする者として迫害を受ける事になった（ガラ5：11）．信仰のみを求めるキリストの十字架の宣教は（2：1-5），古い契約の民にとり大きな躓きであった．

　他方，ユダヤ教の律法の視点からする十字架のもう一つの躓きは，「木に架けられた者はすべて呪われる．」という申21：23；27：26の規定である．申21：23；27：26の規定は，申命記本来の文脈では，死に当たるような重大な罪

を犯して死刑に処せられた者の死体を，見せしめのために杭の上に架けること
を内容としており，罪人を生きたまま十字架の上に架けて死に至らせる十字架
刑の定めではない．しかし，ヘレニズム期以降，ギリシア人支配者やローマ人
支配者たちによってパレスチナに十字架刑が導入され，十字架刑がパレスチナ
のユダヤ人たちにも知れるようになると，申21：23；27：26の規定が十字架刑
を指すという解釈が，一部に見られるようになった（『ナホム書注解
(1QpNah)』1.7‐8；『神殿巻物（11QTemple)』64.6‐12を参照）．この解釈に
よれば，生きたままであろうと死体としてであろうと木の上に架けられること
は，神の呪いを受けることを意味する．こうした一部のユダヤ的理解にと
り，十字架は神の呪いのしるしであった．パウロはこうした理解を前提としな
がら，「キリストは自ら呪いとなって，律法の呪いのもとにある私達を贖いだ
した．」（ガラ3：13）という真理を対置したのだった．

　パウロの理解によれば，キリストの十字架を語らず，律法の遵守を強調する
論敵たちの福音は，十字架の躓きの結果，ユダヤ人たちから迫害を受けること
を回避することを目的として持っている（ガラ5：11；6：12）．これに対し
て，パウロは「十字架の躓き」の問題に正面から取り組み，キリストの十字架
が，弱さや愚かさではなく神の力と知恵のしるしであり（1コリ1：18，24），
呪いではなく祝福のしるしであると主張する（ガラ3：13‐14）．弱さや愚かさ
や呪いという否定的なイメージに包まれていた十字架を，全く逆の神の力，神
の知恵，神の祝福といった肯定的なシンボルと再解釈したところにパウロの十
字架解釈の独自性がある．

＜参考文献＞

松永晋一「ガラテヤ人への手紙」『総説新約聖書』日本基督教団出版局，1981
　　年，241‐253頁．

佐竹明『ガラテヤ人への手紙』新教出版社，1974年．

J・D・G・ダン（山内眞訳）『ガラテヤ書の神学』新教出版社，1998年．

原口尚彰「ガラテヤ書を読む(1)‐(24)」『福音と世界』1996年1月号‐1998年
　　1月号．

同『ガラテヤ人への手紙』新教出版社，2004年．

山内眞『ガラテヤ人への手紙』日本基督教団出版局，2002年．

同「ガラテヤの信徒への手紙」『新版　総説新約聖書』日本基督教団出版局，
　2003年，194‐206頁.

Burton, E.W. *The Epistle to the Galatians*. ICC. Edinburgh：T & T Clark, 1920.

Schlier, H. *Der Brief an die Galater*. Götingen：V & R, ¹⁴1971.

Mussner, F. *Der Galaterbrief*. HTKNT9. füfte erweiterte Auflage. Freiburg：
　Herder, 1988.

Betz, H. D. *Galatians*. Hermeneia. Philadelphia：Fortress, 1979.

Longenecker, R. N. *Galatians*. WBC41. Dallas, TX：Word Books, 1990.

第7節　ロマ書

1．内容構成と書簡論的考察
(1) 内容構成

導入部　1：1‐7　前書き（発信人，受信人，祝祷句）
　　　　1：8‐15　感謝の祈り
本　文　1：16‐17　主題の提示：神の力，神の義である福音
　　　　1：18‐3：20　罪のもとにある人間
　　　　　1：18‐2：16　異邦人の罪
　　　　　2：17‐3：8　ユダヤ人の罪
　　　　　3：9‐20　人類の罪
　　　　3：21‐8：39　神の義のもとにある人間
　　　　　3：21‐31　神の義の啓示
　　　　　4：1‐25　信仰の人アブラハム
　　　　　5：1‐11　神との平和，神との和解
　　　　　5：12‐21　第2のアダム
　　　　　6：1‐23　キリストと共に死に，キリストと共に甦る
　　　　　7：1‐25　律法と罪の問題
　　　　　8：1‐39　終末の希望，霊の助け
　　　　9：1‐11：36　イスラエルの躓きと救い
　　　　　9：1‐5　パウロの同族への思い

(2) 書簡的考察

この手紙は，使徒パウロがまだ訪ねたことがないローマの教会に対して，自己紹介のために書いた手紙であり，ヘレニズムの手紙のタイプから言えば，「友好的書簡」（偽デメトリオス『書簡タイプ論』第1類型；偽リバニオス『書簡形式論』第11類型）と「紹介状」（偽デメトリオス『書簡タイプ論』第2類型；偽リバニオス『書簡形式論』第55類型）との混合型である．但し，使徒としての勧め（12：1‐15：29）の部分には，「勧告的書簡」（偽デメトリウス『書簡タイプ論』第11類型；偽リバニオス『書簡形式論』第1類型）の要素も認められる．

他方，修辞学の法廷的演説，助言的演説，演示的演説の類推から，書簡を法廷的書簡，助言的書簡，演示的書簡に分類し，ローマ書は助言的的書簡や（D.

Dormeyer, *Das Neue Testament im Rahmen der antiken Literaturgeschichte*, Darmstadt：WBG, 1993, 197），演示的書簡（D. Aune, *The New Testament in its Literary Environment*, Philadelphia：Westminster, 1986, 219 - 20）であるとする議論もある．

2．執筆事情
　(1) 受信人
　この手紙のローマの教会の信徒たちであるが（ロマ1：7「ローマにいるすべての神に愛されている者，聖徒たち」），他の真正パウロ書簡の場合と異なり，パウロはまだこの教会を訪れたことがない（1：10 - 13；15：22）．また他のほとんどのパウロ書簡は，外的迫害や教理的論争，倫理的混乱など差し迫った問題への対応のために書かれたものであるが，この手紙はそのような危機的な状況下に生まれたのではない．この点は，論争の状況下に書かれたガラテヤ書の場合とは大きく異なっている．そのため，ロマ書は他の書簡よりも一般的・体系的にパウロの福音理解を展開している．
　ローマの教会は，異邦人信徒中心であったが（ロマ1：13；11：13），ユダヤ人信徒もいる混成教会であった．ロマ1：18 - 3：20は，異邦人とユダヤ人の罪に言及しているのに対して，9：1 - 11：36は異邦人とユダヤ人の救いに言及する．ローマの福音宣教は無名の伝道者たちによる宣教によって開始され，ユダヤ人信徒達への宣教活動から異邦人信徒達への宣教活動へと発展したのであった．
　ローマでのキリスト教の宣教を推定させる出来事は，40年代中頃にキリスト教の宣教をめぐって起こったユダヤ人間の騒動を契機に，クラウディウス帝がユダヤ人をローマ市から追放したことである（スエトニウス『ローマ皇帝伝』「クラウディウス」25）．この時に後にパウロの同労者となり，そのコリント伝道を助けることになるプリスキラとアキラもローマからコリントへやって来たのであった（使18：2）．さらに，ローマの大火の責任を転嫁するために起こした，ネロ帝によるローマのキリスト教徒迫害の出来事は（タキトウス『年代記』15．44），60年代半ばにはローマにかなりの数のキリスト教徒が存在し，周辺社会によりユダヤ教徒と異なる新しい宗教集団として認識されていた事実を示している．さらに，95年頃ローマの教会指導者クレメンスが，ローマ教会

からコリント教会へ忠告の手紙を書いた事実は（Ⅰクレメンス），1世紀末の時点でローマの教会がキリスト教世界全体で指導的な地位を形成しつつあったことを示す.

(2) 執筆時期

この手紙は，紀元57年頃パウロが第3宣教旅行の途上，コリント滞在中に執筆したと考えられ，現存の真正パウロ書簡最後の手紙である．この時，パウロはローマ帝国東半分での伝道を終え（ロマ15：16‐21），エルサレム行きの直前の時期であるが（15：25‐29），将来のスペイン伝道の途上にローマに立ち寄る計画を持っていた（15：22‐24）.

(3) 執筆目的

ローマ教会にエフェソ教会のような拠点教会の役割を期待して，スペイン伝道の途上に訪れるための予告をすることが具体的な執筆目的である（ロマ15：24）．パウロはこの手紙を通して，使徒としての自己紹介を行っている（1：1）．しかし，この手紙に自伝的要素は少なく使徒職の中核をなす福音について客観的に述べる神学的自己紹介が展開されている（1：1‐7；1：16‐17；3：21‐26）.

3．文学的・神学的特色

(1) 神の義（δικαιοσύνη τοῦ θεοῦ）

a．「人を救いへと導く神の力」（1：16）である福音の中核が神の義である（1：17）．義なる方である神が，キリストにより人を義とすることが神の義の内容に他ならない（ロマ3：26）．ロマ書では，ガラテヤ書（ガラ2：15‐21）よりも義認の主体が神であることが明確にされている.

b．義（δίκαιος, δικαιοσύνη, δικαιόω）という概念は旧約聖書（七十人訳）に由来する（צֶדֶק צְדָקָה צַדִּיק）．「義とする」（צָדַק δικαιόω）とは，本来は法廷において権利主張を認めることである（出23：7；申25：1；ミカ6：11；7：9；エゼ16：51, 52）．神学的文脈では，神は義であり（申32：4；サム上2：2；ネヘ9：8, 33；詩7：11；145 [144]：17），人を義とする主体は神であるとされる（代下6：23）．旧約聖書の中にも「地上に義人は一人もいない」（コヘ7：20；詩143 [142]：2）という認識を示す例外的箇所はあるが，基本的には律法に示された神の意思に忠実に歩む者は「義人」と考えられている（詩1：1, 5, 6；

125［124］：3）．神は「義人を愛し」（詩146［145］：8），「義人を義とする」
（代下6：23）と理解される．この理解は初期ユダヤ教にも継承されている．

　これに対して，パウロは神の義をキリストの故に罪人が値なくして与えられ
る恵みと考えている（ロマ5：15, 17, 18）．神は義人ではなく「不敬虔な者を
義とする」（ロマ4：5）のである．これは旧約・ユダヤ教的義認論を180度転回
したものである．

　　c．終末的出来事としての神の義の啓示（ロマ3：21‐26）
　「信じる者に対して，イエス・キリストへの信仰によって与えられる神の義
の啓示は（3：21‐22），全く新しい終末的出来事である．すべての者は罪を犯
しているが（3：23），キリストにおける贖いによって罪を赦され，義とされて
いる（3：24‐25）．信仰者は新しい終末的現実の中に生きている．義とされた
者は神と和解し（5：1‐5），恵みの支配のもとに生きる（5：15‐21）．義とさ
れた者は世の終わりの時に救われ（5：10），永遠のいのちへ至る（5：21）．キ
リストの霊を受け，新しいいのちを与えられて（8：9‐10），霊に導かれて生
きており（8：12‐13），神の子らとして終末の救いの希望を与えられている
（8：14‐17）．

　　d．パウロの理解によれば，人は律法を行うことによって義とされること
はなく，キリストへの信仰によって義とされる（ロマ1：17；4：1‐12；9：
30‐33；ガラ2：16, 21；3：6, 11）．律法の行いによって義とされようとする
ことは，律法の業によって自分の義を立てようとする試みに他ならない（ロマ
9：31‐32；10：3）．神がキリストの死を通して罪人を値なくして義とされる
ことを信じる者は，このような自分の義を立てる努力から解放されている．従
って，「キリストは律法の終わり（τέλος τοῦ νόμου）である」（10：4）．

　パウロはこのことを旧約聖書のアブラハムの例を採り上げて証明しようとす
る．

　初期ユダヤ教では神に忠実であった（πιστός）ノアや（シラ44：17），アブラ
ハム（Ⅰマカ2：52；『シフレ・申命記』38；『出エジプト記ラッバー』35）等
の族長たちを模範的義人として称揚する傾向が強い．さらに，律法を守る義人
には，永遠の命が約束される（ソロ知恵5：15；Ⅳエズ7：88‐99）．神が父祖
たちに与えた契約関係の存在を前提にして，契約に定められた道に忠実な
（πιστός）歩みをすることの具体的表現が，律法を遵守するであった（Ⅰマカ

2：20 - 21, 24, 27, 50；Ⅱマカ1：2 - 4；7：30, 36；シラ17：11 - 12；42：2；45：5；Ⅳエズ7：82 - 98；『宗規要覧』1：7 - 8, 15 - 17；5：8 - 9）．初期ユダヤ教にとってピスティス（πίστις）とは信仰であると同時に信実・真実・忠実ということであり，信仰は信実な行為となって現れるのである．

　信実な義人という初期ユダヤ教のアブラハム像に対して，パウロは専ら「信仰の人」アブラハムという側面を強調し（4：3, 9, 11, 13），信徒たちの父祖としている（4：12）．アブラムの子孫（ユダヤ人）がアブラハムの子らなのでなく，アブラハムの信仰の足跡に従う者たちこそが，彼に与えられた祝福に与る「アブラハムの子ら」なのである（4：13 - 17）．

　初期ユダヤ教文書や一部のキリスト教文書が（Ⅰマカ2：52；シラ44：19 - 23；ヘブ11：17；ヤコ2：21 - 24），創世記22章のイサク奉献の試練を通して実証されたアブラハムの信実を強調するのに対して，パウロは創世記15：6（「アブラハムは神を信じて，義と認められた」）7：1 - 27を引用して神の約束を信じたという側面だけを強調する（4：3, 16 - 21）．ここにパウロのアブラハム解釈が持つ独自性がある．

　(2) 律法論

　パウロは律法が神の言葉であり（ロマ3：2），神の意思が具体的形を取ったものであると考える（2：17 - 18）．従って，律法は聖であると共に義なるものであり（7：12），霊的なものである（7：14）．律法は本来人をいのちに導く筈のものである（7：10）．しかし，パウロは罪の働きのために律法は違反を促し，罪を活性化させ（7：7 - 9），死へと導く結果となったことを重視する（7：10）．律法の機能はそれを行う者に義を与えるのではなく，罪の自覚を与えることにある（3：20）．

　パウロは律法を遵守しその戒めを遵守することを，基本的には神に対して自分の義を立てようとする人間的業と考えている（ロマ9：30 - 33；10：1 - 4）．彼がたびたび「律法の業によって（ἐξ ἔργων νόμου）」という表現を用いるのはこのためである（ロマ3：20, 28；ガラ3：2, 5, 10他）．キリストにおける神の義の啓示によって（ロマ3：21），信じる者は義とされる道が開かれ，「キリストは律法の終わり」（10：4）となった．他方，信じる者はキリストの死に与り（6：3），すでに律法の支配から解放されているのである（7：1 - 4）．

(3) 信仰者の生活

信仰者はキリストと共に十字架に架けられて死に，キリストと共に生きる（ロマ6：1‐11）．キリストにあって古い人が死に（6：6‐7），罪に支配されない新しい人として，神のために生きる（6：8‐10）．信仰者の生活全体が神に喜ばれる「生ける捧げ物」であり，「理に適った礼拝」である（12：1）．この世の中にあって「この世の姿に同化せず」，「何が神の意思であり（τὸ θέλημα τοῦ θεοῦ），善きもの，喜ばれるもの，完全なもの」であるかを「吟味する（δοκιμάζειν）」必要がある（12：1‐2）．

(4) 愛の教説

パウロの倫理教説の出発点は神の愛（ロマ5：5, 8；8：39），または，キリストの愛（8：35）である．「神の愛（ἀγάπη τοῦ θεοῦ）」という表現に用いられている属格は主格的属格であり，「神が愛する愛」のことを言っている（8：37の動詞表現を参照）．また，「キリストの愛」は，特にキリストが罪人のためにいのちを捨てたことに現れる（ロマ8：34‐35；さらに，5：6‐8を参照）．

神の愛を受けている者として，キリスト者は互いに愛することを求められる（ロマ12：9‐10；13：8）．十戒をはじめとする律法の要求は隣人愛ということに尽きる（ロマ13：9；ガラ5：14；レビ19：18）．従って，愛は律法を成就するのである（ロマ13：10）．共観福音書伝承では，律法の総括は神への愛（申6：5）と隣人愛（レビ19：18）とされているが（マコ12：28‐34；ルカ10：25‐29），ここでは隣人愛だけが挙げられている点に特徴がある（ガラ5：14も同様）．

愛の実践として，信徒は互いのことを思いやり，尊重し合って，互いに裁くことをせず躓きを与えないことが求められる（ロマ14：1‐23）．

＜参考文献＞

松永晋一「ローマ人への手紙」『総説新約聖書』日本基督教団出版局，1981年，302‐318頁．

松木治三郎『ローマ人への手紙』日本基督教団出版局，1966年．

E・ケーゼマン（岩本修一訳）『ローマ人への手紙』日本基督教団出版局，1981年．

高橋敬基「ローマ人への手紙」『新共同訳聖書注解Ⅱ』日本基督教団出版局，1990年.

青野太潮「ローマの信徒への手紙」『新版　総説新約聖書』日本基督教団出版局，2003年，260‐278頁.

Barrett, C.K. *The Epistle to the Romans*. Revised Edition.　Peabody：Hendrickson, 1991.

Cranfield, C.E.B. *Romans*. 2vols. ICC. Edinburgh：T & T Clark, 1976‐79.

Dunn, J.D.G. *Romans*. 2 vols. WBC 38AB. Dallas：Word Books, 1988.

Fitzmyer, J. *Romans*. AB33. New York：Doubleday, 1993.

Wilckens, U. *Der Brief an die Römer*. EKK V/1‐3；2 erweiterte Auflage. Zürich：Benzinger/Neukirchen‐Vluyn : Neukirchener, 1987‐89（岩本修一訳『ローマ人への手紙』（『EKK新約聖書註解』VI 1‐3）教文館），1984年‐2001年.

第10章　第2パウロ書簡

序　第2パウロ書簡（パウロの名による手紙）

　コロサイ書，エフェソ書，Ⅱテサロニケ書，Ⅰ・Ⅱテモテ書，テトス書は，いずれもパウロから，特定の教会や教会指導者達に宛てて書かれた手紙という形になっている．しかし，その内容を検討すると，思想においても，書簡が前提している教会の状況においても，真正パウロ書簡とはかなり異なっており，歴史的に言えば，パウロ自身が書いたのではなく，パウロの流れを汲む教会でパウロの名前において書かれ，読まれた手紙であると考えられる．新約聖書学では，これらのパウロの名において書かれた手紙を，パウロ自身の手によって書かれた真正パウロ書簡と区別して，第2パウロ書簡と呼んでいる．

　第2パウロ書簡は，パウロ的書簡形式，パウロ的主題（義と恵み，キリストの体，霊による一致）等のパウロ的な要素を含んでおり，これらの手紙の著者達は，パウロの文学的・神学的遺産を継承しようとしていることが見て取れる．他方，エフェソ書とコロサイ書は，創造の仲保者としてのキリストの働きを述べる宇宙的キリスト論を展開したり，家庭訓（Haustafel）と呼ばれる家庭内での地位・身分に応じた行動規範（夫・妻・子・奴隷としての道徳）を説いている．牧会書簡は監督・長老・奉仕者からなる発達した職制を示している．これらはすべて，真正パウロ書簡には見られなかった非パウロ的要素である．

第1節　コロサイ書

1．内容構成と書簡論的考察

（1）内容構成

　導入部　1：1-2　発信人（使徒パウロと兄弟テモテ），受信人（コロサイ人

　　　　　　　　　　達），祝祷句
　　　　　1：3 - 23　神への感謝：コロサイ人達の信仰のあり方，彼らのため
　　　　　　　　　　の祈り，キリスト讃歌（創造の仲保者，教会のかし
　　　　　　　　　　ら），キリストの死による和解
　本　文　1：24 - 2：5　パウロの務め：苦難と神の秘義を語る（宣教）
　　　　　2：6 - 23　哲学的思弁と霊力の礼拝，ユダヤ教の祝祭日や安息日の
　　　　　　　　　　遵守への警告
　　　　　3：1 - 4：6　倫理的勧告：新しい人として上なるものを求めよ，家
　　　　　　　　　　庭訓
　結語部　4：7 - 17　挨拶
　　　　　4：18　祝祷句

　(2) 書簡論的考察
　この手紙は宣教活動のために投獄された獄中で書いた設定になっているので
（コロ4：3, 10），エフェソ書，フィリピ書，フィレモン書と共に獄中書簡の一
つに数えられている．
　他方，この手紙は，近隣のラオディキア教会でも読まれるようにという指示
が付いており，複数の教会で回覧される回状という性格を持つ（コロ4：15 -
16）．
　古代書簡の視点からすれば，異端的教えを警戒するように勧めたり（コロ
2：6 - 23），倫理的勧告の要素が強いので（3：1 - 4：6），「勧告的書簡」（偽デ
メトリオス『書簡タイプ論』第11類型；偽リバニオス『書簡形式論』第1類
型）に該当する．

　2．執筆事情
　　(1) コロサイは，属州アジアのフリギア地方の町であり，属州の首都エフ
ェソの東40キロメートル位の所に位置し，ラオディキア，ヒエラポリスに隣接
していた．この町は，前5世紀には交通の要衝，毛織物の産地として繁栄し
（プリニウス『博物誌』21, 51；ストラボン『地理書』12. 18. 16），かなりの
規模に達していたが（ヘロドトス『歴史』7. 30；クセノフォン『アナバシス』
1. 2. 6；プリニウス『博物誌』5. 145），ローマ時代には近隣のラオディキアの

方が，商業都市としての重要性を増し，より繁栄していた．宗教的には，他のヘレニズム都市と同様に，ギリシア・ローマの神々の神殿や，外来の密儀宗教が混在する多神教的世界であったと想定される．

　（2）コロサイの教会は，パウロの伝道によって設立されたのではない．おそらくは，この地の出身の伝道者エパフラスによって（コロ1：7‐8；4：12を参照），教会の歩みの端緒が付けられたのであろう．コロサイ書は，この手紙が書かれた頃には隣接するラオディキアやヒエラポリスにも教会があり，コロサイ教会と密接な関係があることを前提にしている（コロ2：1；4：13‐16を参照）．特に，ラオディキア教会は，黙示録の冒頭の小アジアの七つの教会に宛てた天上のキリストの手紙にも言及されており（黙3：14‐22），後1世紀末の小アジアの教会の中で重きをなしていたことが分かる．

　（3）コロサイ書自身の示す内的証拠により，会員の大半は異邦人であったと推定される（コロ1：27；2：13）．彼らは無割礼の者であったが，手によらない割礼である洗礼を受けることによってキリストの割礼を受け，キリストの死と復活に与り（2：11‐13），「古い人をその行いと共に脱ぎ捨てて，創造主の似姿に従う新しい人を身に着けたのであった（3：10‐11）．

　（4）この手紙は，創造の仲保者としてのキリストの働きを述べる宇宙的キリスト論を展開したり（1：12‐20），家庭訓（Haustafel）を説いている点で（3：18‐25），パウロ自身が執筆したとは認めがたい．この手紙は，紀元90‐100年頃の小アジアの都市において（可能性としてはエフェソが有力），パウロの流れを汲む教会の有力信徒によって，小アジアの教会で読まれる回状として，パウロとテモテの名前を冠して執筆されたと考えられる（コロ1：1；4：18を参照）．

3．文学的・神学的特色
（1）異端的傾向への警告

　この手紙は当時の小アジアの教会の一部に見られた異端的傾向について，読者に警戒するように勧めている（特に，コロ2：4，8を参照）．論難されているグループは，哲学的思弁に耽って，キリストに従うよりも，世界を支配する霊力である「世界の諸要素」（στοιχεῖα τοῦ κόσμου）に従った独自の伝承を創り出していた（コロ2：8，20；さらに，ガラ4：3，9も参照）．

　このグループの主張には，祭りや新月や安息日等の祭事暦や，食物規定の遵守のようにユダヤ教的要素も含まれ，混淆宗教的な性格を示している（コロ2：16；さらに，ガラ4：10を参照）．「世界の諸要素」は，ユダヤ教に由来する祭事暦や食物規定を通して，信徒の日常生活を規制し，方向付けると考えられていたのであろう．これらの点は，パウロがガラテヤ書4章で非難している傾向に並行している（ガラ4：3，8‐10を参照）．他方，天使崇拝や幻を見る体験など神秘主義的要素も示している点は（コロ2：18），ガラテヤに登場したパウロの論敵達には見られない傾向である．

　コロサイ書の著者は，これらの事柄は過ぎ去るべき影であり，古い世に属すると断定している（コロ2：17）．洗礼を受けてキリストと共に死んで，共に甦ったのであれば，この世を支配する諸要素の支配下にはなく，苦行を伴う戒律から解放されているのである（2：20‐23）．

　「世界の諸要素」（στοιχεῖα τοῦ κόσμου）という句が使用するστοιχεῖονという言葉には，①基本，②世界の構成要素，③天体という意味がある．最初の用法はヘブ5：12「神の言葉の初歩の要素」に見られる（プラトン『テアイテトス』206b；『ティマイオス』48b；フィロン『十戒各論』2.255；『神のものの相続人』140；ソロ知恵13：2；Ⅱペト3：10，12も参照）．第2の用法はストア哲学の宇宙論に見られ，物質的世界を構成する水と空気と火と土を指す（ディオゲネス・ラエルティオス『哲学者列伝』5.33；7.136‐137,142；プルタルコス『道徳論集』875c；フィロン『ケルビム』127；『世界の創造』45；ヨセフス『古代誌』3.183‐184；ソロ知恵7：17；19：18；Ⅳマカ12：13；シビラ2.206；8.337）．第3の用法は後2世紀以後の文書に見られる（ユスティノス『第二弁明』5.2；ディオゲネス・ラエルティオス『哲学者列伝』6.102）．ガラ4：4やコロ2：8，20における用例は，基本的には第2の用法に連なるが，世界を支配し人間を従属させる力としてとらえる点が特殊である．

　(2) 宇宙論的キリスト論

　コロサイ書の導入部にある長大な神への感謝の部分は（コロ1：3‐23），コロサイ人たちの信仰のあり方，彼らのための祈りに続けて，世界の創造と救済におけるキリストの業を讃える信仰告白的部分を含んでいる（1：14‐20）．この部分はまず，キリストが信徒達を闇の力からの解放して神の子の支配に入れ，贖いと罪の赦しを与えたことを述べる（コロ1：14）．続く部分は，キリ

ストが見えない神の似姿（1：15；さらに，フィリ2：6を参照），被造物の長子（コロ1：15），創造の仲介者（1：16‐17）であるとしている．ここに見られる神の御子キリストの先在の観念は，フィリ2：6やヨハ1：1に見られる発達したキリスト論とも共通する．また，キリストが世界の創造の仲介者であることを述べる点は（コロ1：16‐17），ヨハ1：3，Ⅰコリ8：6，ヘブ1：2に並行し，ヘレニズム教会の信仰告白伝承に由来すると考えられる．

　コロサイ書は，キリストが体なる教会のかしらであると述べる（コロ1：18, 24）．教会をキリストのからだに喩えることは，既にロマ12：4とⅠコリ12：12‐13に見られる．教会がキリストのからだであれば，キリストは教会のかしらであるという推定をすることは容易であるが，パウロ自身はキリストが教会のかしらであるとは明言していない．コロ1：18, 24やエフェ4：15は，真正パウロ書簡に暗示的に述べられたことを明示的に表現したのである．

　コロサイ書の著者は，キリストが死者からの復活すべき者達の長子（πρωτότοκος），または，初め（ἀρχή）として甦ったことを強調する（コロ1：18）．これは，パウロがⅠコリ15：20において，終末の出来事の一環としてキリストが初穂（ἀπαρχή）として死者の中から甦ったと述べていることを継承，発展させたものである．こうして，信徒達の復活の希望のキリスト論的基礎が，キリストを讃美する言葉の中に表現されるのである．

　キリストの十字架の血によって神と万物との和解がなされたと述べる点は，コロサイ書独自の十字架論の展開である．パウロ自身は，Ⅰコリ1：18‐25において，キリストの十字架が滅ぶべき人間には，愚かさや躓きにしか見えないが，信じる者に救いを与える神の知恵，神の力であることを語り，Ⅱコリ5：18‐19では神がキリストによる和解の福音の務めをパウロら宣教者に託したことに言及しているが，十字架論と和解論を直接に結び付けることはしていない．

　（3）現在的終末論の優勢

　コロ1：24‐29は，キリストが異邦人のための世々にわたり隠されていた秘義の啓示であると述べる．信じる者は，キリストと共に死に（コロ2：20），既にキリストと共に甦っている（コロ3：1）．真正パウロ書簡においても，洗礼を通してキリストの死と復活に与ることは述べられているが，信じる者がキリストと共に復活するのは常に終末的未来に属する出来事であり，未来形で述

137

べられている（ロマ6：5-6を参照）．これに対して，コロサイ書は，信じる
者が既にキリストと共に甦っていると述べている（コロ3：1）．パウロ書簡に
あった現在的終末論と未来的終末論の緊張は失われ，現在的終末論が圧倒的に
優勢になるのである．

（4）倫理的勧告

ａ．基本的行動原理

コロサイ書がキリスト者の生活を貫く基本的行動原理として挙げるのは，地
上にあって上なるものを求めつつ行動するということである（コロ3：1）．著
者が上なるものの内容として地上的な事柄と対照しながら挙げているのは，憐
れみの心，慈愛，謙遜，柔和，寛容，さらには，愛と平和であり（3：12-
15），パウロがガラテヤ書で霊の実として挙げている徳目とほぼ一致する（ガ
ラ5：22-23）．

ｂ．家庭訓（コロ3：18-25；エフェ5：22-6：9）

コロ3：18-25は，妻の務め，夫の務め，子の務め，両親の務め（3：18-
21），さらには，奴隷と主人の務めについての勧告を与えている（コロ3：
22-4：1）．これは社会的身分や，所与の社会関係に応じた市民道徳をキリス
ト教化して説くものであり，周辺社会が持っていた家庭訓（Haustafel）と内
容において大きく異なるのではない．

コロ3：11は洗礼を受けた者はキリストにあってひとつとされているのだか
ら，「ギリシア人もユダヤ人もなく，割礼や無割礼もなく，未開人やスキタイ
人もない」と述べるが（ガラ3：28；Ⅰコリ12：11を参照），このキリストに
ある一致と平等は，社会生活の全領域には及ばず，社会では従来の身分関係や
社会関係に基づいた生き方が勧められる結果となっている．これは，この手紙
における未来的終末論の後退と表裏一体をなしており，現存の社会が長く続く
ことを前提に，その中で求められる倫理規範に従って良き市民として生きるこ
とが勧められているのである．

＜参考文献＞

松永晋一「コロサイ人への手紙」『総説新約聖書』日本基督教団出版局，1981
　　年，320-333頁．
　　永田竹司「コロサイの信徒への手紙」『新版　総説新約聖書』日本基督教団出版

局，2003年，291‐302頁.

E・シュヴァイツァー（斉藤忠資訳）『コロサイ人への手紙』「EKK新約聖書註
解XII」教文館，1988年.

第2節　エフェソ書

1．内容構成と書簡論的考察
(1) 内容構成

導入部　1：1‐2　発信人，受信人，祝祷句

　　　　1：3‐14　神の讃美：神の子の選び（予定と成就＝十字架の血の贖
　　　　　　　　　い）かしらなるキリスト，真理の言葉＝福音と信仰，聖
　　　　　　　　　霊付与

本　文　1：15‐23　感謝の祈り：知恵と啓示の霊の付与，キリストの復活
　　　　　　　　　と天上での即位（主権），教会のかしら

　　　　2：1‐10　罪過のうちの死，キリストと共なる復活，新しい創造

　　　　2：11‐22　キリストの平和：ユダヤ人と異邦人の一致，神の家
　　　　　　　　　族．建物の喩え

　　　　3：1‐13　神の救いの計画：神の秘義

　　　　3：14‐21　とりなしの祈りと頌栄句，アーメン

　　　　4：1‐16　柔和，寛容，愛：信仰にある一致，キリストのからだ＝
　　　　　　　　　教会

　　　　4：17‐24　古い人を捨て，新しい人を着る

　　　　4：25‐5：5　隣人に真実の言葉を語る：神に倣う者，愛によって
　　　　　　　　　歩く

　　　　5：6‐20　光の子，霊に満たされた讃美

　　　　5：21‐6：9　家庭訓：妻，夫，子供，奴隷と主人

　　　　6：10‐20　神の武具により悪の力と戦う

結語部　6：21‐22　紹介の言葉

　　　　6：23‐24　祝祷句

(2) 書簡論的考察

　　ａ．この手紙は全体としてパウロ書簡の定型に従っている．特殊な点は，「私たちの主イエス・キリストの父なる神は称め讃えられるべきである」という句ではじまる神の讃美の部分と（エフェ1：3 - 14），受信人であるエフェソ人達のことについて神に感謝を捧げる神の感謝の部分が（1：15 - 23）併存しており，手紙に荘重な典礼的な調子を与えていることである．これは，他の真正パウロ書簡にも第2パウロ書簡にも見られない現象であるが，感謝の祈りが2度出て来る例は，Ⅰテサロニケ書に見られる（Ⅰテサ1：2 - 10；2：13 - 16を参照）．

　　ｂ．本文部分の前半にある教理的部分（1：15 - 3：21）は，祈りのテーマに枠取られており，信仰告白的性格が強い．祈りを主題とするこの部分の最後には，アーメンが置かれており（3：21），本文部分の後半を校正する勧告的部分との間に，文体上の明確な切れ目が形成されている．勧告的部分（4：1 - 6：20）は，非常に一般的性格を持ち，個々の教会の中に生じた特別な問題を扱ってはいない．

　　ｃ．この手紙は全体として倫理的勧告の要素が強いので（4：1 - 16；4：17 - 24；4：25 - 5：5；5：6 - 20；5：21 - 6：9；6：10 - 20を参照），古代書簡の視点からすれば，「勧告的書簡」（偽デメトリウス『書簡タイプ論』第11類型；偽リバニオス『書簡形式論』第1類型）に該当する．

　２．執筆事情
　（1）宛先

受信人の「聖徒たち」を修飾する「エフェソにいる」という句は，P[46]やシナイ写本，バチカン写本等の重要な写本に欠けている．また，「エフェソの信徒への手紙」という表題は中世に付けられたものであるので，どの都市にある教会に宛てられたのかは不明であるが，恐らく属州アジアの諸教会を念頭に書かれているのであろう．

この手紙は，復活を通して世界の主権者として即位したキリストの働きを述べる宇宙的キリスト論を展開したり（エフェ1：15 - 23），家庭訓（Haustafel）を説いている点で（5：21 - 6：9），パウロ自身が執筆したとは認めがたい．この手紙は，紀元90 - 100年頃の小アジアの都市において，パウロの流れを汲む

教会の有力信徒によって，パウロの名前を冠して執筆されたと考えられる（エフェ 1：1；3：1を参照）．想定されている受信人達の多くは，異教の信仰からキリスト教に回心した異邦人信徒達であった（エフェ 2：11‐13,17‐19；3：6‐9を参照）．

　エフェソは，サルディス，ペルガモン，スミルナと並びイオニアの四大都市の一つであった（パウサニアス『ギリシア案内記』7. 2. 7）．帝政ローマ期には属州アジアの首都としてローマ総督府が置かれており，属州アジアの政治と経済の中心地であった（ストラボン『地理書』14. 1. 20‐24；使19：38）．この町の宗教状況は他のヘレニズム都市と同様に混淆的であり，ギリシアの神々の様々な祭儀に加え，外来の密儀宗教が併存していた．特に女神アルテミスは町の守護神であり，その大神殿は古代世界中に知れ渡っていた（使19：23‐40を参照）．さらに，考古学的調査は，歴代の皇帝を祭る皇帝礼拝の諸神殿や神格化された皇帝像を発掘しており，エフェソが小アジアにおけるローマの皇帝礼拝の中心地の一つであったことを示している．

　パウロは第 2 宣教旅行（使18：19‐21）と第 3 宣教旅行の途上で（使19：1‐40）エフェソに立ち寄り宣教した．特に後者の滞在は長く 2 年を越え，エフェソはパウロの小アジア伝道の拠点となった．おそらく，Ⅰ，Ⅱコリント書もこの地で書かれたと想定される．パウロはこの地でローマの官憲による迫害を経験し，投獄され判決を待つ日々において，死の覚悟すらした（Ⅰコリ15：32；Ⅱコリ1：8‐11；フィリ1：12‐26を参照）．

　（2）著者と成立年代

　この手紙は，復活を通して世界の主権者として即位したキリストの働きを述べる宇宙的キリスト論を展開したり（エフェ 1：15‐23），家庭訓（Haustafel）を説いている点で（5：21‐6：9），コロサイ書の場合と同様に，パウロ自身が執筆したとは認めがたい．この手紙は，紀元90‐100年頃の小アジアの都市において，パウロの流れを汲む教会の有力信徒によって，パウロの名前を冠して執筆されたと考えられる（エフェ 1：1；3：1を参照）．著者はコロサイ書の場合と同様に，パウロ学派に属する者であり，パウロ書簡の形式と，パウロ神学の主題に親しんでいる．著者はまた，第 2 パウロ書簡であるコロサイ書を知っており，その主題の多くを継承している．例えば，キリストによる世界の和解について述べた部分は（エフェ 2：14‐22），コロ1：15‐20の記述を敷衍した

ものである．キリストのからだとしての教会の記述は（エフェ1：22 - 23；
4：12 - 16），コロ1：18, 24；3：15を下敷きにしている．さらに，家庭訓を述
べたエフェ5：21 - 6：9は，コロ3：18 - 25の内容を踏まえ，それをさらに強
化したものである．

　3．文学的・神学的特色
　（1）神の子としての選び
　エフェソ書は神の選びの思想を手紙の冒頭で述べている．神は天地創造の前
に既に，キリストにあって信徒達を神の子として選んだ（エフェ1：4 - 5）．
しかし，このことはキリストにあって啓示される前には，人間の目には隠され
ている秘儀（μυστήριον）に留まる（エフェ1：9；3：3, 4, 9；5：32；6：
19）．特に，イスラエルの契約と無縁であり，イスラエルの神を知らなかった
異邦人が（2：11 - 13），神の子として選びを受け，救いに与ることは，人間の
思いを越えたことであった．しかし，神は時が満ちるに及んで，キリストによ
る救いの業を成就し，人間に啓示したのであった（エフェ1：6 - 10；3：3 -
6）．救いは人間の努力や業によるものではなく，秘められた神の救いの計画の
成就であり，一方的な恵みの出来事である（1：6 - 8；2：5 - 10）．エフェソ書
は，パウロ的な信仰義認の教説を神の選びの視点から展開している．
　（2）宇宙論的キリスト論と現在的終末論
　エフェソ書は，キリストの死者の中からの復活・高挙を主権者としての即位
の出来事と理解する（1：20 - 22）．興味深いのは，真正パウロ書簡ではキリス
トの主権の最終的確立は終末時であるとされているのに（Ⅰコリ15：24 -
28），ここでは既に完了した出来事とされていることである．しかも，信じる
者はこの復活の力に与って，キリストと共に天の王座に着いていると宣言され
るのである（エフェ2：6 - 7；さらに，コロ2：20；3：1を参照）．コロサイ書
と同様にエフェソ書でも，未来的終末論は後退し，現在的終末論が優勢であ
る．
　（3）十字架による平和（2：14 - 17）
　キリストの十字架の血によって神と万物との和解がなされたと述べるコロサ
イ書の十字架論を継承・発展させ（コロ1：20を参照），エフェソ書はキリスト
の十字架は，ユダヤ人と異邦人の間を隔てていた敵意という隔ての中垣を滅ぼ

して，両者を新しい人として造りかえて平和をもたらした上で，神と和解させたと述べる（エフェ 2：14 - 17）．

　(4) 教会論

　エフェソ書は，真正パウロ書簡にある教会をキリストのからだに喩える教会論を継承発展させる．教会はキリストのからだであり（エフェ 1：22 - 23；3：8 - 10；4：12 - 16；さらに，ロマ 12：4；Ⅰコリ 12：12 - 13；コロ 2：20；3：1を参照），キリストは教会のかしらである（エフェ 1：22；4：15；さらに，コロ 1：18を参照）．エフェソ書はさらに，キリストは万物のかしらとして教会に与えられていると述べ，キリストが教会の主であると共に世界の主であることを明らかにしている（エフェ 1：22）．キリストのからだなる教会に与えられた奉仕の務めを果たすために，神は人々を使徒，預言者，福音宣教者，牧者，教師として立てたのであった（エフェ 4：11；さらに，Ⅰコリ 12：28を参照）．

　エフェソ書は，教会をキリストという土台の上に立てられた建物に喩えたⅠコリ 2：11 - 17を継承・発展させ，教会がキリストをかしら石とする使徒や預言者という土台の上に立てられた建物であると述べる（エフェ 2：20）．使徒や預言者が土台として挙げられているのは，この手紙が書かれた時期は使徒後の時代にあたり，著者や読者にとって使徒や預言者は過去の歴史に属するからであろう．さらに，エフェソ書は，建物として特に神殿を想定し，神の霊が宿る聖なる神殿のイメージを抱いている（エフェ 2：21 - 22）．

　(5) 家庭訓

　エフェソ書はコロサイ書と同様に，妻，夫，子，奴隷，主人に対して，その社会関係に応じた行動規範を定めている（エフェ 5：21 - 6：9；さらに，コロ 3：18 - 25を参照）．この家庭訓はコロサイ書よりもより強化され，教会論的な基礎付けがなされているのが目に付く．エフェソ書によると，婚姻関係はキリストと教会の関係になぞらえられ，妻は教会がキリストに仕えるように夫に仕え，キリストが教会を愛したように夫は妻を愛することが勧められている（5：21 - 33）．

　(6) 光の子らと神の武具

　エフェソ書によるとキリスト者の行動原理は愛である．読者は神に愛されている子供として神に倣う者となるように勧められる（エフェ 5：1）．信徒達は

以前は闇の子らであったが，今は光の子らであり，この世の中で光の子らしく歩むことが求められる（エフェ5：8‐14）．しかし，この世には，闇の世界の主権者である悪魔の力が働いて，人々に不従順を引き起こしている（エフェ6：10‐12）．この世に働く悪の力に対する霊的戦いに勝ち抜くために，信徒達は真理の帯や，平和の福音の具足，信仰の盾，救いの兜，御霊の剣である御言葉等の神の武具を身に着けることが勧められる（エフェ6：10‐17；さらに，ロマ13：12；Ⅰテサ5：8を参照）．

　光の子らと闇の子ら戦いという主題は，死海文書の『戦いの書（1QM）』に登場し，エフェソ6：12‐17に並行している（『戦いの書（1QM）』1.1‐17；13.1‐18を参照）．但し，『戦いの書（1QM）』においては終末時における闇の勢力との戦闘の文脈で考えられているのに対して，エフェソ書には未来的終末論は乏しく，現在の世界を支配する悪の諸力との戦いが想定されているので，両者の間に直接の依存関係は認められない．エフェソ書は，元々初期ユダヤ教の黙示文学に由来する表象を，信徒達の日常生活における悪の誘いに抗する霊的戦いに置き換えて使用したのであろう．

＜参考文献＞

川島貞雄「エペソ人への手紙」『総説新約聖書』日本基督教団出版局，1981年，334‐346頁．

永田竹司「エフェソの信徒への手紙」『新版　総説新約聖書』日本基督教団出版局，2003年，303‐314頁．

宇佐美公史「エフェソの信徒への手紙」『新共同訳新約聖書注解Ⅱ』日本基督教団出版局，1991年，213‐237頁．

第3節　Ⅱテサロニケ書

1．内容構成と書簡論的考察
（1）内容構成

導入部　1：1‐2　序文
　　　　　　1：1　発信人：パウロ，シルワノ，テモテ，受信人：テサロニ

（2）書簡論的考察

　a．この手紙の内容構成は，Ⅰテサロニケ書の内容構成に非常に似ている．序文の部分は（Ⅱテサ1：1‐2），ほぼⅠテサ1：1に一致している．感謝の祈りが2箇所に分かれて出てくるところも（Ⅱテサ1：3‐12；2：13‐17），Ⅰテサロニケ書に一致している（Ⅰテサ1：2‐10，2：13‐16を参照）．また，主題的にも，終末の出来事について言及する点や（Ⅱテサ1：6‐9，2：1‐12），勤労の倫理を説く点など（Ⅱテサ3：6‐15），Ⅰテサロニケ書の内容に共通しているが，パウロとテサロニケ人達との関わりの歴史の回顧の部分やパウロの個人的感情の表白の部分はなく（Ⅰテサ2：17‐3：13を参照），全体としてⅠテサロニケ書よりも大分短くなっている．

　b．この手紙は全体として倫理的勧告の要素が強いので（2：1‐12；3：1‐15を参照），古代書簡の視点からすれば，「勧告的書簡」（偽デメトリウス『書簡タイプ論』第11類型；偽リバニオス『書簡形式論』第1類型）に該当する．

２．執筆事情

　(1) 上に見たように，この手紙は，書簡形式の面では，Iテサロニケ書に非常に似通っており，主題的にもIテサロニケ書と共通するところがあるが，詳しく見るとIテサロニケ書とは思想的にかなり異なっている．報復感情の充足を求めて神に祈る点などは（IIテサ1：3 - 12），真正パウロ書簡とは矛盾する思想であると言えるであろう．この書簡はパウロの影響下にある教会で誰かが，Iテサロニケ書の形式・内容を模して執筆した「パウロの名による手紙」の一つに数えることが出来る．

　(2) 執筆場所は，Iテサロニケ書が権威ある文書として流布していた（IIテサ 2：2, 15），マケドニアであり，マケドニアの諸教会の信徒達に宛てて書かれたであろう．

　(3) 執筆目的の第1は，厳しい迫害の苦しみの中にある信徒達を励ますことであろう（IIテサ1：3 - 12）．第2は，Iテサロニケ書に述べられている主の日の到来についての記述の解釈についての混乱を鎮め，予告なくやって来る主の日に備えることとである（IIテサ2：1 - 11）．第3は，落ち着いて日常生活に励み，勤勉に働くことを勧めることであった（IIテサ3：6 - 15）．

　(4) 執筆時期は，背景になっているキリスト教迫害の厳しさと，迫害者に対する報復感情の激しさを考えると（IIテサ1：6 - 9を参照），ローマ帝国による厳しいキリスト教徒迫害の状況の下に書かれた黙示録と同様，90年代の時期が執筆時期として想定される．

３．文学的・神学的特色

　(1) 終末の出来事について言及する点は（IIテサ1：6 - 9；2：1 - 12），Iテサロニケ書の後半部の主題展開に並行している（Iテサ4：13 - 18；5：1 - 11）．しかし，Iテサロニケ書においては，来臨のキリストによる救いの希望が主として語られているのに対して（Iテサ1：9 - 10；4：13 - 18；5：1 - 11），IIテサロニケ書においてはむしろ，迫害者に対する来臨の主の報復が強調されている点が大きく異なる（IIテサ1：6 - 9）．しかも，来臨の主の報復を語るこの部分は（IIテサ1：6 - 9），IIテサ1：3 - 12の感謝の祈りの部分の中に置かれているので非常に奇異な印象を受ける．ただし，黙示録においてはキリスト教徒を迫害した大バビロンであり，大淫婦であるローマが終末の裁きによって滅

んだ後，天上において天使と大群衆が神への賛美の歌を捧げている例がある（黙18：1‐19：21）．これは，迫害下にある教会の信徒達が，終末を希求する宗教的想像力の中で，迫害者であるローマへの報復感情を充足させているのである．

　真正パウロ全体全体を眺めると，ロマ書12章において主の報復への言及がなされているが，そこでは報復感情の充足よりも，裁きは主に委ねて自分で復讐せず，悪をもって悪に報いず（ロマ12：17‐20），迫害する者たちのために祝福を祈ることが勧められている（ロマ12：14）．主の報復を祈り求めるⅡテサロニケ書の思想は，真正パウロ書簡の精神から乖離していると言える．

　（2）Ⅱテサ2：2は，Ⅰテサロニケ書の存在を前提にしており，この書物に述べられている主の日の到来についての記述を（Ⅰテサ5：1，4）恣意的に解釈して主の日が既にやって来たと主張する者がいたと述べている．Ⅰテサロニケ書は，主の日はいつ来るか分からず，予告なく突然やって来ることを述べて，何時も備えていることを強調しているのであるから（Ⅰテサ5：1‐11），この解釈は，Ⅰテサロニケ書の精神から大きく離れている．

　終末が来る前に神に敵対する勢力が登場して，人々の心を惑わし，地上に混乱を来たらせることは黙示的テキストが共通して語るところであるが，真正パウロ書簡には出てこない主題である（ダニ7：1‐28，マコ13：3‐13，14‐23，黙13：1‐18を参照）．Ⅱテサロニケ書は，終末に先立って，滅びの子である不法な者が登場し，悪魔の力によるしるしや不思議な業を通して人々の心を惑わすと述べる（Ⅱテサ2：3‐12）．この記述における，神を冒瀆する活動を行い，自ら神の地位に就こうとする「不法な者」が具体的に誰を指しているのか，彼の登場を「抑えている者」が誰かを特定することは，この黙示文学的な象徴的記述からは困難である．

　（3）Ⅱテサ3：6‐15は，怠惰を戒め勤労の倫理を説く点において，Ⅰテサロニケ書の主題を継承している（Ⅰテサ2：9‐10；4：11‐12；5：14を参照）．但し，Ⅱテサ3：10が，パウロがテサロニケ伝道の際に，「働こうとしない者は，食べてはならない」と命じたとしている点は，Ⅰテサロニケ書では確認されない．Ⅰテサロニケ書は，伝道の傍ら職業労働に従事した自らの模範を引き合いに出して，信徒達に勤勉に働くことを勧めるに留まっているのである（Ⅰテサ2：9‐10；4：11‐12；5：14を参照）．

＜参考文献＞

松永晋一「テサロニケ人への第二の手紙」『総説新約聖書』日本基督教団出版
　　局，1981年，220‐234頁.

同『テサロニケ人への手紙』日本基督教団出版局，1996年.

井上大衛「テサロニケの信徒への手紙二」『新版　総説新約聖書』日本基督教団
　　出版局，2003年，280‐290頁.

Jewett, R.　*The Thessalonian Corrrespondence*：*Pauline Rhetoric and Millenian
　　Piety.* Philadelphia：Fortress, 1986.

Malherbe, A. M.　*Paul and the Thessalonians.* Philadelphia：Fortress, 1987.

Wanamaker, C. A.　*Commentary on 1 & 2 Thessalonians.*　Grand Rapids：
　　Eerdmans, 1990.

第4節　牧会書簡（Ⅰ，Ⅱテモテ書，テトス書）

1．内容構成と書簡論的考察

　（1）Ⅰテモテ書

　ａ．内容構成

導入部　1：1‐2　発信人，受信人，祝祷句

　　　　1：3‐11　異端的教えへの警告（作り話と，系図，律法の書の教
　　　　　　　　　師）

　　　　1：12‐20　感謝の祈り

本　文　2：1‐3：1a　祈りの勧め（支配者のための祈り，教会での祈り［男
　　　　　　　　　と女]）

　　　　3：1b‐4：16　教会指導者の資格（監督，奉仕者，異端的教えへ
　　　　　　　　　の警告，模範）

　　　　5：1‐6：2ab　教会員たちの指導（老人，やもめ，長老職，奴隷
　　　　　　　　　と主人）

　　　　6：2c‐21a　健全な教えと生き方（教理の言葉，信仰の戦い，富と
　　　　　　　　　信仰）

結語部　6：21b　祝祷句

b．書簡論的考察

　この手紙は，パウロ書簡の定型を基本的には踏襲している．但し，感謝の祈り（1：12‐20）の前に異端的教えへの警告（1：3‐11）があること，結びの部分が極端に短く挨拶・言づてがないことは特異である．

　この手紙は，特定の個人（テモテ）に宛てられた書簡である点は（IIテモテ，テトスも同様），真正パウロ書簡のフィレモン書に類似している．Iテモテ書は，教会指導者の牧会上の心得についての手紙という性格を持つ関係上，IIテモテ，テトスと併せて「牧会書簡」（Die Pastoralbriefe；Pastoral Letters）と呼ばれてきた．

　伝道・牧会上の事柄について助言するこの手紙は，古代書簡の類型から言えば，「勧告的書簡」の類型に該当する（偽デメトリウス『書簡タイプ論』第11類型；偽リバニオス『書簡形式論』第1類型）．

　（2）IIテモテ書

a．内容構成

```
導入部　1：1‐2　　発信人，受信人，祝祷句
　　　　1：3‐18　 感謝の祈り
本　文　2：1‐13　　キリストの兵士として歩む勧め
　　　　2：14‐26　異端者への対応について
　　　　3：1‐9　　 終わりの時の現象（教会の混乱と道徳的堕落）
　　　　3：10‐4：8　迫害の中での忍耐，旧約聖書の意義，健全な教え
　　　　4：9‐18　　個人的指示
結語部　4：19‐21　挨拶と言づて
　　　　4：22　　　祝祷句
```

b．書簡論的考察

　この手紙は，導入部（1：1‐2 発信人，受信人，祝祷句），感謝の祈り（1：3‐18），

　本文（2：1‐4：18），結語部（4：19‐21 挨拶と言づて，4：22 祝祷句）を備え，形式的にはIテモテ書よりも真正パウロ書簡のスタイルに近い．

　内容面では，教会指導者の資格についての教えがなく，外的迫害と教会内の

教理的・道徳的混乱への対処の勧めの性格が強い．従って，古代書簡論の分類では，「勧告的書簡」（偽デメトリウス『書簡タイプ論』第11類型；偽リバニオス『書簡形式論』第1類型）に該当する．

　(3) テトス書
　a．内容構成

導入部　1：1 - 4　　発信人，受信人，祝祷句
　　　　1：5 - 16　テトスの職務（長老，監督を立てる，正統な教えを守る）
本　文　2：1 - 15　健全な教えと思慮ある生活（信仰と愛，家庭訓）
　　　　3：1 - 11　善い業の勧め（支配者への服従，聖霊と洗礼による新
　　　　　　　　　　生，異端への警告）
結語部　3：12 - 3：15ab　伝言と挨拶
　　　　3：15c　祝祷句

　b．書簡論的考察
　形式面では，感謝の祈りがないのが目立つ．
　内容面では，教会指導者たちの資格と任職についての部分（2：1 - 15）があり，Ⅰテモテ書に並行している（Ⅰテモ3：1 - 13；4：6 - 16）．古代書簡論の視点からすれば，「勧告的書簡」の類型に該当する（偽デメトリウス『書簡タイプ論』第11類型；偽リバニオス『書簡形式論』第1類型）．

　2．執筆事情
　(1) パウロの書簡に模した偽名の手紙
　牧会書簡は，パウロ書簡の形式と内容を継承して，新しい状況に適用している．発信人に措定されているのはすべて使徒パウロである（Ⅰテモ1：1；Ⅱテモ1：1；テト1：1）．受信人と措定されているのテモテとテトスはパウロが最も信頼する同労者であり，第2，第3宣教旅行に同行した．テモテは，ユダヤ人の母とし，異邦人を父とするリストラの出身の人であり，パウロの導きによってキリスト教信仰に入った（使16：1 - 4；17：1，14 - 15；18：5；19：22；20：4；ロマ16：21；Ⅰコリ4：17；16：10；Ⅱコリ1：1，19；フィリ1：1；2：19；Ⅰテサ1：1）．テトスは異邦人出身の信徒であり，エルサレムの使徒会

議にもパウロとバルナバに同行しているし（ガラ2：1，3），パウロとコリント教会の間に紛争が生じた際には，パウロの代理人としてコリントへ赴いている（IIコリ2：13；7：6-16；8：6；12：18）．

(2) 後110-120年ころ小アジアに成立．

a．発達した教会の職制［監督，長老，執事］を前提にしていること，言及されている異端の性格が似ていること，支配者への祈りが含まれていることから，後110-120年ころ小アジアのスミルナで書かれた『ポリュカルポスの手紙』と内容的にとても近似している．異端の性格や，家庭訓は，小アジアで後100-110年ころ書かれたコロサイ書やエフェソ書とも内容的にある程度並行している．

b．牧会書簡に言及されている，エフェソにテモテを残すことや（Iテモ1：3），クレタ伝道は（テト1：5），真正パウロ書簡や使徒言行録の記事と矛盾するところがあり，パウロの生涯の中に位置付けることができない．

(3) 執筆目的

各個教会が定住する監督・長老・執事によって指導される，制度化が進んだ教会に対して，指導者の資格と任職，教会指導の心得を述べることと，異端的傾向へ警告し，正統の教えを守ることを勧めることがこれらの手紙の執筆目的である．

3．文学的・神学的特色

(1) 異端的傾向への警告

牧会書簡が言及する一部の信徒達のグループは，作り話や系図の詮索に耽る（Iテモ1：3-5；IIテモ4：3-4；テト1：14；3：9），トーラーの教師（Iテモ1：7）であり，脱落者であった（Iテモ1：18-20　ヒメナイとアレクサンドロ）．彼らの一部には，結婚の禁止と食物規定の遵守のような禁欲的傾向も見られる（Iテモ4：2-4）．他方，正統とは異なる教えを唱える者達は倫理的に堕落し（Iテモ6：3-5；IIテモ3：1-9；テト1：15-16），死者の復活を否定し（IIテモ2：18），特別な霊的知識（グノーシス）を誇っていたとされる（Iテモ6：20-21）．これらの傾向は，イグナティオスやエイレナイオスらの異端論駁において，言及されているグノーシス主義者の神学的傾向に近い．

異端者と共に議論することを避け，訓戒・懲戒という制度的手段によって対

処する（テト3：9‐11）．こうしたやり方は，教理を展開することによって真理を守ろうとしたコロサイ書やエフェソ書の対処法と対照的であり，イグナティオスやエイレナイオスらの異端論駁法と似ている．

　真理を保証するのは，使徒たちより伝えられた正しい言葉（教え）（Ⅰテモ1：10；4：5‐10；6：3；Ⅱテモ2：11‐13；3：15‐17；テト2：1，10；3：8）と正当な手続きによって選ばれた教会の職務者（監督・長老・執事）である．

　(2) 教会の制度化

　牧会書簡の背後にある教会では，制度化が進み地域教会における職務が形成されている．職業的な聖職者の存在を前提に，監督（エピスコポス）に就任する者が備えるべき資質（Ⅰテモ3：1‐7；テト1：7‐9），長老（プレスビュテロイ）となるに相応しい資質（テト1：6），奉仕者（ディアコノイ）となるに相応しい資質が（Ⅰテモ3：8‐13），論じられている．監督職に就く者は按手によって任職を受け（Ⅰテモ4：14），長老は給料を受け取っていたのであるから，教会指導者の職務の職業化が進行していた（Ⅰテモ5：17‐18）．しかし，イグナティオス書簡に見られるような監督‐長老‐執事という明確な階層制はまだ確立していない．監督と長老の区別がまだ明確でないが，おそらく長老団の首位者が監督であろう（エピスコポスは常に単数形で用いられている）．

　(3) 支配者のための祈り

　この世の支配者のための祈りや（Ⅰテモ2：1‐2）服従の勧め（テト3：1；さらに，ロマ13：1‐7を参照）家庭訓（Ⅰテモ2：9‐15）がある．未来的終末論は一部に見られるものの（Ⅰテモ4：1‐5；Ⅱテモ2：8‐10；3：1‐9）全体としては弱く，現存の社会秩序を肯定する傾向が強い．

＜参考文献＞

川島貞雄「牧会書簡」『総説新約聖書』日本基督教団出版局，1981年，346‐376頁．

同「テモテへの第一の手紙」，「テモテへの第二の手紙」，「テトスへの手紙」『新共同訳新約聖書注解Ⅱ』日本基督教団出版局，1991年，296‐335（特に296‐301）頁．

辻学「Ⅰテモテ5：17‐25の文脈と構成」『新約学研究』第25号（1997年）13‐

24頁.

同「『やもめ』の登録（I テモテ5：3 - 16）をめぐって」『新約学研究』第26号
　（1998年）17 - 30頁.

同「獄中書簡としてのII テモテ書」『新約学研究』第31号（2003年）13 - 24頁.

同「牧会書簡」『新版　総説新約聖書』日本基督教団出版局，2003年，315 - 340
　頁.

土屋博『牧会書簡』日本基督教団出版局，1990年.

原口尚彰「原始キリスト教の指導者像」『福音と世界』1994年 9 月号，8 - 15頁.

第11章　公同書簡

　Ⅰ, Ⅱペトロ書, ユダ書, ヤコブ書, Ⅰ, Ⅱ, Ⅲヨハネ書は, 特定の教会や, 特定の個人を対象にするのでなく, 広い範囲に存在する教会の信徒を対象にした一般的内容の手紙であるので, 公同書簡 (Die katholischen Briefe; Catholic Letters) と呼ばれている.

第1節　Ⅰペトロ書

1．内容構成と書簡論的考察
　(1) 内容構成

導入部　1:1-2　発信人 (ペトロ), 受信人 (離散の民), 祝祷句
　　　　1:3-12　神の讃美, 生ける希望, 信仰の試練
本　文　1:13-25　勧告：聖なる者となる, キリストの血による贖い, 兄弟愛
　　　　2:1-10　隅の親石キリスト, 選ばれた民, 神の聖なる民
　　　　2:11-17　異教徒の中での生活：寄留と証し, 支配者への服従
　　　　2:18-3:7　家庭訓：僕の務め, 妻と夫の務め
　　　　3:8-22　兄弟愛と悪に祝福をもって答える, 信仰の弁明の用意
　　　　4:1-19　苦難の意義, 終末の接近と奉仕 (賜物を用いる), 信仰の試練
　　　　5:1-11　神の羊の群を養う務め, 悪魔への抵抗, アーメン
結語部　5:12-13　挨拶
　　　　5:14　祝祷句

　(2) 書簡論的考察
　　a．この手紙の形式はパウロ書簡の定型の継承であり, 冒頭にヘレニズム書簡の定型句を用いるヤコブ書とは対照的である (ヤコ1:1を参照). また,

この手紙において神の讃美の部分が導入部に来ている点は（Ⅰペト1：3－12），真正パウロ書簡の中でもⅡコリント書に近い（Ⅱコリ1：3－7）．

　b．この手紙は，使徒ペトロから小アジアに存在するローマの属州ポントス，ガラテヤ，カッパドキア，アジア，ビトゥニアの諸教会に宛てた回状の形式を採っている．これは，中央の権威者から離散の民へ書かれる形式を採る，初期ユダヤ教の回状の伝統を踏まえている（Ⅱマカ1：1－2：18；使15：23－29；ヤコ1：1；黙示録1：1－3：22を参照）．

　この手紙は読者に迫害の中でも信仰を捨てず，主が歩んだ道を辿ることを勧めており，古代書簡論の視点から言えば，「勧告的書簡」に該当する（偽デメトリオス『書簡タイプ論』第11類型；偽リバニオス『書簡形式論』第1類型）．

　2．執筆事情

　　(1)　Ⅰペト5：13に出てくる「バビロン」は，ローマを指す隠語として用いられているので（黙18：2－24；Ⅳエズ3：28－36を参照），手紙は使徒ペトロによって小アジアに離散して住む信徒たち宛に（Ⅰペト1：1），ローマで書かれたという設定になっている．しかし，この手紙の真筆性は，流麗なギリシア語の文章や，ヘレニズム的用語の使用が，ガリラヤの漁師出身で，正規の教育を受けていなかったペトロに相応しくないことと，広範な迫害が存在し，発達した職制を前提にしているのは，1世紀末以降の状況を反映していることから否定され，この手紙はペトロの名を借りて書かれた書物であるとされている．『ペトロの宣教』，『ペトロ行伝』，『ペトロ黙示録』，『ペトロからフィリポへの手紙』等，ペトロに帰されている新約外典文書も多い．これは，著者に措定されている人物の使徒性が文書に権威を与えたからであろう．

　　(2)　この書簡が前提にしている小アジアの広範な地域に広がる迫害の存在より（Ⅰペト1：1, 6－7），執筆年代はドミティアヌス帝の時代（後90年代半ば）であると推定される．おそらくは，小アジアで書かれ，流布したのであろう(1：1)．

　　(3)　受信者の大多数は異邦人の回心者であった（Ⅰペト1：14－15, 18；2：9－10；4：3－4）．この手紙の執筆目的は迫害の中にある信徒たちを励まし，信仰に堅く立つことを勧めることである（1：6－8；4：12－19）．

３．文学的・神学的特色

(1) 選びと召命

Ⅰペトロ書は，救いへの神の予定と選びの思想を冒頭で強調している（Ⅰペトロ1：1‐2；ロマ9：1‐11：36；Ⅰテサ1：4；ヨハ17：6を参照）．受信人の信徒達の多くは元々異邦人であったが，召されて聖なる神の民となったのであった（Ⅰペト2：9‐10；Ⅰテサ4：7を参照）．信徒達が召されて聖なる民となったのは，召しを与える神が聖なる方であるからである（Ⅰペト1：15‐16；2：9‐10；さらに，出19：6；レビ19：2；20：7‐8；Ⅰテサ4：3‐8を参照）．

(2) 贖罪論と義認論

Ⅰペト2：24は，キリストが「私たちの罪をその身に負って木の上に架けた．それは，罪に対して死んで，義のために生きるためである」と述べる．この文章に出てくる「木（ξύλον）」とはキリストの十字架を指しており，死の表象となっている（使5：30；10：39；13：29；ガラ3：13も参照）．キリストの十字架の死は，信じる者達がキリストと共に罪に対して死ぬことであり，義のために生きることを意味する．この手紙は，十字架論を媒介に，贖罪論と義認論を統合しており，パウロの思想を独自の形で継承している（ロマ3：21‐26；ガラ2：15‐21を参照）．

(3) 試練と従順

Ⅰペトロ書は厳しい迫害下で，信仰の試練の意義と救いの希望を語る（Ⅰペト1：6‐9）．艱難は，信仰者の宿命であり（4：12‐19），信仰を練り清め，信仰が真正であることを立証する場となる（特に，1：6‐7を参照）．圧倒的なローマ帝国の権力を前にして，この手紙の著者は，支配者に対して抵抗するよりも服従することを勧める（Ⅰペト2：13‐17；さらに，ロマ13：1‐7；Ⅰテモ2：1‐2を参照）．良いことを行って苦しむことを堪え忍ぶことは，むしろ，神から与えられた恵みである（Ⅰペト2：20を参照）．信徒達は，悪に対して悪を報いるのでなく，善を報いるように求められる（Ⅰペト3：8‐22；ロマ12：17；マタ5：44を参照）．

Ⅰペトロ書は受難のキリストを模範としており，信徒達に対して受難の内にキリストの足跡に続くように勧める（Ⅰペト2：21‐25）．信徒は地上の生を越えた，天にある救いの望みが備えられているのである（1：4‐5）．

　（4）魂の牧者・監督者

　この手紙は，キリストを「永遠の魂の牧者・監督者」と呼んでいる（Ⅰペト2：25；5：4）．これは，神を牧者，イスラエルの民を羊に喩える旧約聖書の修辞法を（詩23：1；イザ53：6；エレ23：3-4；エゼ34：31-34）キリストと教会の関係に適用したものである（ヨハ10：7-18も参照）．長老をはじめとする教会指導者達の務めは，託された神の羊を飼う牧者の役割を果たすこと，つまり，教会の信徒達の霊的な世話をすることである（Ⅰペト5：1-4；ヨハ21：15-19）．

　（5）家庭訓

　この手紙には，僕，妻と夫に対して，それぞれの立場に応じた行動の指針を与えているが（Ⅰペト2：18-3：7），この部分はコロサイ書やエフェソ書，テモテ書に登場する家庭訓に並行している（コロ3：18-25；エフェ5：22-6：9；Ⅰテモ2：9-15を参照）．

＜参考文献＞

川村輝典「ペテロの第一の手紙」『総説新約聖書』日本基督教団出版局，1981年，414-420頁．

小林稔「ペトロの手紙一」『新版　総説新約聖書』日本基督教団出版局，2003年，377-384頁．

速水敏彦「ペトロの手紙一」『新共同訳新約聖書注解Ⅱ』日本基督教団出版局，1991年，410-431頁．

N・ブロックス（角田信三郎訳）『ペテロの第一の手紙』「EKK新約聖書註解XXI」教文館，1995年．

A・チェスター／R・マーティン（辻学訳）『公同書簡の神学』新教出版社，2003年．

第2節　Ⅱペトロ書

1．内容構成と書簡論的考察
（1）内容構成

導入部　1：1‐2　発信人（使徒ペトロ），受信人（信仰を受けた人たち），
　　　　　　　　祝祷句

本　文　1：3‐15　神の召しと約束，敬神（敬虔），徳，知識，自制，忍耐
　　　　　　　　の勧め

　　　　1：16‐21　新約の預言の言葉と正しい解釈の勧め

　　　　2：1‐21　偽教師への警告（裁きの予告），罪を犯した天使の裁き
　　　　　　　　の例

　　　　3：1‐13　主の来臨の確実さ

　　　　3：14‐18a　終末待望と互いの平和，恵みと知識における成長

結語部　3：18b　祝祷句

(2) 書簡論的考察

　ａ．この手紙には冒頭の感謝の祈りも，末尾の挨拶の部分もないし，祝祷
句はパウロ書簡とは異なるので（Ⅱペト1：1‐2；3：18bを参照），この手紙
の書簡形式はパウロ書簡の定型からかなり離れている．また，全く地域的限定
がない一般的読者を受信人に措定している点が目立っている（Ⅱペト1：1）.

　ｂ．この手紙は読者に異端的な教師達に警戒することを強く勧めており，
書簡論的視点から言えば，「勧告的書簡」に該当する（偽デメトリオス『書簡
タイプ論』第11類型；偽リバニオス『書簡形式論』第1類型）.

　２．執筆事情

　(1) 手紙は使徒ペトロによって信徒たちに宛てて書かれたという設定にな
っている（Ⅱペト1：1）．しかし，真筆性は，流麗なギリシア語の文章や，ヘ
レニズム的用語の使用に加え，ユダ書を下敷きにしている点から否定される
（Ⅱペト2：4‐8とユダ6‐7；3：5‐7，Ⅱペト2：9‐12とユダ8‐16を比較せ
よ）．さらに，この手紙はⅠペトロ書の存在を前提にしているので（Ⅱペト3：
1），Ⅰペトロ書同様に使徒ペトロの権威に仮託して書かれた偽書である．著者
は後2世紀初頭の小アジア地域の都市にあった教会の指導者の一人であろう.

　(2) 受信人は「私たちの神と救い主イエス・キリストの義による私たちと
同じ尊い信仰を受けている人々」となっており（Ⅱペト1：1），キリスト者一
般である．この書簡は，Ⅰペトロ書と同様に広い範囲の教会への回状として書

かれている.

　（3）この書簡が言及している異端的教師達の姿は，ユダ書が言及する異端的教師達の姿と共通するところが多い（Ⅱペト2：1 - 3；ユダ4）. また，この書簡はⅠペトロ書とユダ書を前提にしているので，両書の執筆時期よりも遅い. これらのことを考慮すると執筆時期は，紀元2世紀前半の時期（130 - 150年位）と言えるであろう.

　3．文学的・神学的特色
　（1）ヘレニズム哲学用語の使用
　この手紙は，プラトン哲学において重視された徳（ἀρετή）や（Ⅱペト1：3, 5），知識（γνῶσις）を（Ⅱペト1：5, 6；3：18）使用している. また，自制（ἐγκράτεια）や（Ⅱペト1：6），敬神（εὐσέβεια）といった（Ⅱペト1：3, 6, 7；3：11），ストア学派の倫理的徳目として挙げられる用語も使用している.
　（2）正典化の進行
　この手紙には，新約文書が旧約文書同様に聖書として規範的意味を持ち始めている現象が認められる. 例えば，福音書伝承が伝える山上の変貌の出来事が預言と理解される（Ⅱペト1：16 - 21）. また，パウロ書簡が聖書の一部とされている（3：15 - 16）. 規範的意味を持つ新約文書が再解釈され，新しい状況に適用されているのである.
　（3）終末の遅延
　この手紙は，終末の遅延の問題に正面から取り組んでいる（Ⅱペト3：1 - 13）. 著者は終末的緊張を失って行く教会の問題へ，黙示的使信を再度強調することで，終末待望を回復しようとしている.「主のもとでは，一日は千年のようで，千年は一日のようである」（3：8）. 終末は人間の目には遅れているように見えるが，神の目からはそうではないのであると，主張するのである. Ⅱペト3：9はマコ13：10同様に，終末がまだ来ないのは，すべての人々が，滅びに陥ることなく悔い改める機会を提供するためであるとする.
　「主の日は盗人のようにやって来る」ので，信徒はその日にいつも備えていなければならない（Ⅱペト3：10a；Ⅰテサ5：2；マタ24：43）. 終末の時には，古い天地は滅び去り，新天新地が到来するのである（Ⅱペト3：10b - 13；マコ13：24 - 25並行；イザ66：22を参照）.

＜参考文献＞

川村輝典「ペテロの第二の手紙」『総説新約聖書』日本基督教団出版局，1981
　　年，414‐420頁.

小林稔「ペトロの手紙二」『新版　総説新約聖書』日本基督教団出版局，2003
　　年，386‐391頁.

速水敏彦「ペトロの手紙二」『新共同訳新約聖書注解Ⅱ』日本基督教団出版局，
　　1991年，432‐443頁.

第3節　ユダ書

1．内容構成と書簡論的考察
(1) 内容構成

導入部　1‐2
　　　　　1　前書き：発信人，受信人.
　　　　　2　祝祷句
本　文　3‐23　異端的教師たちへの警戒の勧め
　　　　　3‐4　信仰のための戦いの勧め，異端的教師達の危険
　　　　　5‐7　荒野での民の裁きの事例，罪を犯した天使の裁きの事例
　　　　　8‐13　夢想家とされる異端者達の問題点：権威の否定と愛餐へ
　　　　　　　　の参与
　　　　　14‐16　エノクの預言
　　　　　17‐18　使徒達の警告：終わりの時におけるあざける者たちの
　　　　　　　　到来
　　　　　19‐23　勧告：信仰，聖霊の導き，神の愛によって生きる
結語部　24‐25　祝祷句

(2) 書簡論的考察
　　ａ．この手紙は基本的には，パウロ書簡の定型を踏襲しているが，感謝の
祈りの部分の結語部分の挨拶の言葉がない点が目立つ．つまり，冒頭に受信人
の具体的な状況の描写や，発信人と受信人との関わりの歴史が述べられず，結

語部に具体的な個人からの挨拶や言伝がないために，個人的タッチを欠いた非常に一般的な内容の書簡となっている．他方，Ⅱペトロ書と同様にこの手紙の受信人には地域的限定がなく，キリスト者一般に宛てられた手紙という形になっている（Ⅱペト1：1）．このような特色を持っているので，この手紙の公同性は非常強いと言える．

　　ｂ．この手紙は読者に異端的な教師達に警戒することを強く勧めており，書簡論的視点から言えば，「勧告的書簡」に該当する（偽デメトリオス『書簡タイプ論』第11類型；偽リバニオス『書簡形式論』第 1 類型）．

　 2．執筆事情
　　(1) 執筆者は，「イエス・キリストの僕，ヤコブの兄弟ユダ」となっているので（ユダ1），イエスの兄弟ユダ（マコ6：3）が措定されていると判断される．しかし，これは主の兄弟ユダが実際に書いた手紙ではなく，Ⅰ，Ⅱペトロ書，ヤコブ書と同様に，初代教会で権威ある者とされていた人物の名前を用いた偽書であろう．真の著者は，後 2 世紀初めに小アジアの教会で活動していたキリスト教指導者であったということしか分からない．
　　(2) 受信人に特定の人物の名前はなく，「父なる神に愛され，イエス・キリストによって守られ，召された人々へ」とキリスト者を指す一般的な表現が用いられている（ユダ1）．後 2 世紀の教会の信徒一般が想定されており，受信人が住んでいた地域は特定の都市に限定されない．
　　(3) 執筆時期は，異端的傾向を持つ教師の具体的出現を前提にしているし（ユダ4，8 - 12，15 - 16，19），この書簡の一部がⅡペトロ書に引用されているので（Ⅱペト2：4 - 8とユダ6 - 7；Ⅱペト2：9 - 12とユダ8 - 16を比較せよ），後 2 世紀前半の時期（110 - 130年頃）であろう．

　 3．文学的・神学的特色
　　(1) 正典化の初期段階
　新約聖書の正典化の初期段階では，まだどの文書が聖書に含まれるかが流動的であり，初代教会の伝承や偽典文書の言葉が，旧約聖書の言葉と同様の権威を持つ現象が見られる．ユダ書の著者は，旧約聖書に出てくる創世記における罪と裁きの出来事（ユダ6 - 7，11），荒野での反抗と裁きの出来事を（ユダ5，

11），現在に対する警告として言及すると共に，使徒達に帰される終わりの時における異端者の出現を予告する初代教会の伝承を引用し（ユダ19‐20），エチオピア語のエノク書からは，終わりの時に聖なる者達が登場して，背信者についての証言をするという伝承を引用している（エチ・エノ93：3‐4を参照）．

(2) 異端的傾向を持つ教師の問題

　ユダ書は異端的傾向を持つ教師の具体的出現に言及するが，その主張を客観的に伝えようとはせず，堕落した姿を極端な形で描いて警告を与えることが目的である（ユダ4，8‐12，15‐16，19）．ユダ書は彼らの教理を正確に取り上げてその論点に論理的に論駁を加えるのではなく，彼らの悪い影響に対して警戒するように促すのである．従って，非難されている教師達の歴史像を復元することには限界があるが，少なくとも次のことは言える．彼らは巡回伝道する教師であり，個々の地域教会の外からやって来て，教えを説く者であった（ユダ4a；Ⅱペト2：1‐3）．彼らの主張には，イエスのメシア性を否定する要素が含まれており（ユダ4b），この点ではⅠヨハネ書に言及されている教師達と共通する（Ⅰヨハ4：1‐6；5：1‐12を参照）．

　彼らは「夢想家」であるとされるが（ユダ8‐10），これは次々と神話を編み出す思弁的な傾向のことであろうか（Ⅱテモ2：16‐17；4：3‐4；5：13）．神話的思弁に耽る点は，ナグ・ハマディ文書に含まれる多くの偽典文書が示す傾向と並行している．彼らは制度的教会で権威あるとされる者達を軽視する傾向を持っていた（ユダ8；Ⅱペト2：10を参照）．彼らは倫理性を欠いており，欲望のままに振る舞い，大言壮語する（ユダ4，7，15‐16）．

　以上に言及されていることは，彼らがグノーシス主義者であると判定するまでの根拠を提示していない．グノーシス思想の中核にある，二元的世界観と，被造世界を否定し，自分がこの世に本来属していないとする認識が，はっきりとは認定されないからである．しかし，Ⅰヨハネ書やⅡペトロ書に言及されている異端的教師達と同様に，グノーシスに向かう傾向があることは認めて良いであろう．

＜参考文献＞

川村輝典「ユダの手紙」『総説新約聖書』日本基督教団出版局，1981年，442‐

447頁.

小林稔「ユダの手紙」『新版　総説新約聖書』日本基督教団出版局，2003年，
411‐417頁.

W・マルクスセン（渡辺康麿訳）『新約聖書緒論』教文館，1984年，416‐419
頁.

第4節　Ⅰ,Ⅱ,Ⅲヨハネ書

1．内容構成と書簡論的考察

(1)　Ⅰヨハネ書

a．内容構成

序　言　1：1‐4　命の言葉，父と子の交わり（執筆目的）

本　文　1：5‐10　神は光，交わりと罪の告白（信仰の共同性，公同性）

　　　　2：1‐17　弁護者キリスト，贖罪，新しい戒め（兄弟愛），光と闇

　　　　2：18‐27　反キリストの登場，御子キリストのメシア性の告白，
　　　　　　　　　聖霊の注ぎ

　　　　2：28‐3：10　御子のうちに留まる，神の子に属する者は罪を犯さ
　　　　　　　　　ない

　　　　3：11‐24　互いに愛し合う（兄弟愛），神の戒め

　　　　4：1‐6　霊の判別，偽預言者と神に属する者との区別

　　　　4：7‐21　御子の派遣と神の愛，神を愛することと兄弟愛

　　　　5：1‐5　イエスのメシア性への信仰，世に打ち勝つ信仰

　　　　5：6‐12　イエス・キリストの証し

　　　　5：13‐21　永遠の命ととりなしの祈り，真実な方のうちに留まる

b．書簡論的考察

　①この文書には，書簡的な導入部（発信人，受信人，挨拶定型又は祝祷
句）が無く，代わりに序言がある．この序言はヨハネのプロローグを前提にし
た内容を持ち，一人称複数形で書かれ，執筆目的を明示している（父と子との
交わりのうちに生きる）．また，この文書は書簡に通例の結びの句を欠いてい

る．

　しかし，この文書は主語に一人称複数又は一人称単数形を用いる文体をとるが，読者への語り掛けが頻出する（「（わたしの）子供達よ」2：1，12，28；3：7，18；5：21；「愛する者達よ」2：7；3：2，21；4：1，7，11）．さらに，「あなた方のために記す」（1：4；2：1，12，13，14，21，26；5：13）という表現が頻出するので，この文書全体の性格は権威者から教会員達に宛てた書簡と言える．

　　②書簡のタイプとしては「勧告的書簡」である（偽デメトリオス『書簡タイプ論』第11類型；偽リバニオス『書簡形式論』第1類型）．

　　③本文の部分の構成は緩やかであり，神が光であること，光のうちに留まること，御子イエス・キリストへの告白，新しい戒め（兄弟愛）等の主題が，少しづつ形を変えながらリフレインのように繰り返される．内容的にはヨハネによる福音書の告別の説教（13－16章）に並行している．

　（2）Ⅱヨハネ書

　ａ．内容構成

導入部　1-3　発信人（長老），受信人（婦人と子供たち），祝祷句
本　文　4-6　愛の戒めに従って歩むこと
　　　　7-11　反キリストについての警告（家に入れるな，挨拶するな）
結語部　12-13　訪問して語り合う希望

　ｂ．書簡論的考察

　　①この文書は短い文書ではあるが，書簡的な導入部（1-3発信人，受信人，祝祷句）と結びの句（12-13）を持ち，書簡の形式を備えている．

　　②書簡の発信人は長老と呼ばれ受信人はキュリア（「女主人」）とその子供たちとなっている（1節）．

　　③書簡タイプとしては，「勧告的書簡」である（偽デメトリオス『書簡タイプ論』第11類型；偽リバニオス『書簡形式論』第1類型）．

　　④古代の手紙は会話の代用とされており（デメトリウス『文体について』223），この文書も手紙では要点だけを記して，詳しいことは口頭で述べるとしている（12節）．

（3）　Ⅲヨハネ書

ａ．内容構成

導入部　1-2　発信人（長老），受信人（ガイオ），健康を祈る句
　　　　3-4　信徒たちが真理のうちに歩んでいることへの喜び
本　文　5-8　巡回伝道者の受け入れと彼らへの援助
　　　　9-10　巡回伝道者を受け入れないディオトレフェスへの非難
　　　　11-12　善いことを見習うこと，真実の証し
結語部　13-15　訪問して語り合う希望，祝祷句，挨拶

ｂ．書簡論的考察
　①書簡的な導入部（1-2発信人，受信人，祝祷句）と結びの句（13-15）を持ち，書簡の形式を備えている．但し，「健康を祈る」という表現はヘレニズム書簡の常套句であり，パウロ書簡が導入部の結びに用いる祝祷句とは異なっている．
　②書簡の発信人は長老と呼ばれ受信人はガイオとなっている（1節）．ガイオは家の教会の指導者であろう．
　③書簡タイプとしては「友好的書簡」（偽デメトリオス『書簡タイプ論』第1類型；偽リバニオス『書簡形式論』第7類型）と「勧告的書簡」（偽デメトリオス『書簡タイプ論』第11類型；偽リバニオス『書簡形式論』第1類型）の中間的タイプである．
　④古代の手紙は会話の代用とされており（デメトリウス『文体について』223），この文書も手紙では要点だけを記して，詳しいことは口頭で述べるとしている（13節）．
　この文書全体の書簡としての特色は，Ⅰヨハネ書よりもⅡヨハネ書のほうに近い．

２．執筆事情
　ａ．三つの書簡は用語や全体的思想傾向の点でヨハネによる福音書に近い．しかし，より細かく比較すると書簡とヨハネによる福音書の間には，神学的な相違や執筆の背景となる状況の相違が認められることから，これらの書簡

を生み出した共同体は，ヨハネによる福音書の背後にある共同体が発展したものであると考えられる．福音書では信徒たちの共同体と外部世界である世（その代表者が「ユダヤ人」）との対立が描かれ，その背後にはヨハネ共同体と初期ユダヤ教との厳しい対立が存在している．これに対して，書簡が取り扱うのは外部世界との対立ではなく，キリスト教共同体内部の問題である．Ⅰヨハネ書はキリストの受肉（1：1；4：2）とイエスのメシア性を否定する（2：22）グノーシス的傾向の信徒たちの問題を取り上げ，Ⅱ，Ⅲヨハネ書は伝道者たちの受け入れの問題を取り上げている．これはヨハネによる福音書執筆以後の状況であり，後100年前後の事情を反映していると考えられる．このことは長老という職制が前提になっていることからも裏付けられる（Ⅱヨハ1：1；Ⅲヨハ1：1）．

　　　b．三つの書簡の著者が同一であるという保証はない．特にⅡヨハネ書はⅢヨハネ書の文学形式を借りた偽書であり，後者の著者とは異なる．

　執筆場所はヨハネによる福音書と同様にシリアのいずれかの都市であろう．

　3．各書の文学的・神学的特色
　（1）Ⅰヨハネ書
　ヨハネ共同体の権威ある指導者から教会員たちに宛てた勧告的書簡という以上のことは言えない．この書簡が諸教会に送られたとする説は根拠がない．ヨハネ共同体は初期キリスト教の諸潮流の中で極めて孤立していたので，Ⅰペトロ書やヤコブ書とは異なり広い範囲に散在する諸教会に宛てられた可能性は少ない．むしろ，ヨハネ共同体を構成する信徒たちに向けて書かれた勧めと警告の書と考えるべきである．

　教会の交わりから出ていった人々（2：15）には，グノーシス的傾向が認められる．彼らはキリストの受肉（1：1；4：2）とイエスのメシア性を否定する（2：22）．彼らはさらに，地上において既に完全に達したと主張して，罪を告白することやイエスの死による贖罪の意義を否定する（1：7‐8）．彼らは自分たちが霊によって語る預言者であると主張するが，実は神の霊によらない偽預言者である（4：1‐6）．彼らは聖礼典の中の洗礼だけを認め，聖餐を認めない（5：6「水だけではなく，水と血を通ってきた方」）．彼らは兄弟愛に欠けているので，神を知らない（4：7‐12）．彼らは反キリストである，終末の時の到

来のしるしである（2：18‐27）.

　これに対して，本当の信仰者は神の霊（油）を注がれているので真理を知り（4：26‐27），神の愛のうちに生き，互いに愛し合う（1：7‐10；3：10‐18；3：19‐24；4：7‐12；4：16‐21）. キリストが人となり，肉をまとったことと（1：1‐3；2：1；3：1‐6；4：2‐3），イエスがメシアであることを公に告白することが（2：22‐23；5：1‐5），真の信徒には求められている.

　（2）Ⅱヨハネ書

　受信人のキュリア（女主人）は実在の人物ではなく，教会を人格化してこう読んでいるのであろう（ヘルマス『幻』1：1‐3；2：1；3：1‐6；4：2‐3を参照）. その「子供達」とは教会の信徒たちのことである. このことはこの書簡が現実の手紙ではなく，手紙の形式を借りた文学作品であることを示す.

　著者の長老は，グノーシス的異端を非難し，キリストの受肉とメシア性を信じて告白することの重要性を強調して，異端的傾向を持つ宣教者たちを受け入れないように信徒たちに勧めている.

　（3）Ⅲヨハネ書

　著者の長老は，家の教会の指導者であるガイオに対して，自分が派遣した宣教者たちを受け入れてくれたことを感謝し（5‐8），彼らを受け入れなかった他の家の教会の指導者であるディオトレフェスを非難している（9‐12）. この問題の背後に教理上の争いが存在しているかどうかは不明である.

＜参考文献＞

中村和夫「ヨハネの第一，第二，第三の手紙」『総説新約聖書』日本基督教団出版局，1981年，425‐442頁.

小林稔「ヨハネの手紙一」，「ヨハネの手紙二」，「ヨハネの手紙三」『新版　総説新約聖書』日本基督教団出版局，2003年，392‐410頁.

松永希久夫「ヨハネの手紙一，二，三」『新共同訳新約聖書注解Ⅱ』日本基督教団出版局，1991年，444‐474頁.

第5節　ヤコブ書

1．内容構成と書簡論的考察
(1) 内容構成

導入部（前書き）
　　　　　　1：1a　発信人（ヤコブ），受信人（ディアスポラの十二部族）
　　　　　　1：1b　挨拶
本　文
　　　　　　1：2 - 8　信仰，試練，忍耐，知恵と疑い
　　　　　　1：9 - 11　貧しい者と富める者
　　　　　　1：12 - 18　試練と忍耐
　　　　　　1：19 - 27　神の言葉を聞いて行う，完全な律法
　　　　　　2：1 - 13　分け隔てへの警告，隣人愛の実践
　　　　　　2：14 - 26　信仰と行い（行いが伴わない信仰，行いによる義）
　　　　　　3：1 - 12　舌の制御（言葉で過ちを犯すことへの警告）
　　　　　　3：13 - 18　上からの知恵
　　　　　　4：1 - 10　争いへの警告，世の友と神の敵
　　　　　　4：11 - 17　兄弟を裁いてはならない
　　　　　　5：1 - 6　傲り高ぶるな
　　　　　　5：7 - 12　祈りと忍耐の勧め
　　　　　　5：13 - 18　祈りと塗油と罪の告白
　　　　　　5：19 - 20　迷った兄弟を連れ戻すこと

(2) 書簡論的考察
　a．M・ディベリウス以来，この文書は書簡（Brief）ではなく，倫理的勧告（Paränese）であるという主張がなされてきた（*Der Brief des Jakobus*, S.13 - 23）．この主張は「書簡」と「勧告」とが相互に相容れない文学類型であるという前提に立っている．しかし，古代書簡理論の研究が進むにつれて，勧告的書簡という類型が存在することが明らかになり（偽デメトリオス『書簡

タイプ論』第11類型，偽リバニオス『書簡形式論』第 1 類型），ディベリウス
の議論は完全に過去のものとなった（拙稿「パウロによる新しいタイプの書簡
の構造」『新約学研究』第24号［1996年］16‐19頁を参照）．

　　b．書簡的な要素は冒頭の導入句（1：1）だけで，書簡らしい結びが存在
しない．導入句の部分はパウロ書簡の形式（発信人，受信人，頌栄句，感謝の
祈り）よりも，ヘレニズム書簡一般の形式に従っている（1：1「挨拶する
（χαίρειν）」さらに，IIマカ1：1；使15：23を参照）．

　　c．発信人は「神と主イエス・キリストの僕であるヤコブ」（1：1）とさ
れている．これは原始教会の中で指導的な地位にあった「主の兄弟ヤコブ」の
ことであろう（マコ6：3；15：13；使15：7，13；Iコリ1：19；ガラ2：9，
12）．ヤコブの著作性が擬されているのは，初期ユダヤ教や原始教会に見られ
る権威者からの回状の形式を整えようとしたからであろう（IIマカ1：1‐
10a；1：10b‐2：18；使15：23‐29）．エルサレム教会の代表者であるヤコブ
は，「離散（ディアスポラ）の十二部族」へ書簡を送って，様々な勧告をする
に相応しい権威を持った人物と考えられていたからである．「離散（ディアス
ポラ）の十二部族」とは，もともと離散のユダヤ人を指す表現であるが，この
文脈では比喩的な意味で用いられ，異邦人たちの間に散らされて生活するキリ
スト教徒たちを指す．

　　d．導入句を除いた他の部分には，勧告的要素が強い．読者に直接語り掛
ける対話的スタイルが用いられるが（「私の兄弟たち」1：2，16；2：1，14；
3：1；4：11；5：7，19），厳密な意味でのディアトリーベ（仮想の論敵との問
答のスタイルをとる議論法）と言えるのは2：14‐26だけである．

　　ディベリウスは，受信人の個々の状況とは無関係に一般的な徳目を相互に関
連なく並べることこそが「勧告」という文学類型の特色であるとし，ヤコブ書
の勧告も相互に関連がないものであるとしているが，この見解は訂正を要す
る．ヤコブ書の勧告は，読者たちに共通な状況を取り上げているし（迫害・試
練と世俗化），勧告相互にはある程度の関連があり，ヤコブ書全体には緩やか
な構成が存在している．

　2．執筆事情
　（1）外的迫害とこの世（特に富）の誘惑の中にある信徒たちに指針を示す

と共に，パウロ主義に反対して，信仰のみでなく行いも大切であることを強調するために書かれた．

　(2) 執筆者はヘレニズム・ユダヤ教を背景に持つユダヤ人教会の指導者である（ヤコ3：1「教師」）．

　(3) 執筆時期は紀元1世紀末葉から2世紀初頭にかけてである．

3．神学的特色
(1) 行いの強調

　行いの重要性の強調は（1：22 - 27；2：8 - 12, 14 - 26；4：11 - 12），マタイ福音書の思想と並行している（マタ5：17 - 2 - ；7：21 - 23, 24 - 27）．この見解は律法と福音の関係を断絶としてでなく，連続としてみる，ユダヤ人キリスト教の立場を踏襲している．善い行いを伴わない信仰とは真のパウロ主義でなく，誤ったパウロ主義である．しかし，ヤコブ書は，このような誤解されたパウロ主義だけでなく，「律法の行いによらず，信仰による義」（ロマ1：17；3：21 - 31；9：30 - 32；ガラ2：15 - 21）を唱える真のパウロ主義そのものにも反対している．「行いによって義とされる」という主張は（ヤコ2：21），パウロ主義の根幹の否定である．

(2) アブラハム解釈

　アブラハム解釈においてこの書が，イサクの奉献の出来事の中に，試練にあっても神に忠実であったアブラハムの信実（創22：1 - 9）を見て，そこから創世記15章6節を解釈するのは，初期ユダヤ教の解釈の伝統に従っている（Ⅰマカ2：52；シラ44：19 - 23）．しかし，この箇所から行為義認の主張をする例は初期ユダヤ教文献には見られない．創世記15章6節に基づいて信仰義認の主張をするパウロ主義への対抗上，著者は極端な結論を引き出すに至ったのであろう（ロマ4：3, 9；ガラ3：6を参照）．

(3) 富者批判

　富者への批判（ヤコ1：9 - 11；2：1 - 13；5：1 - 6）は，ルカ福音書に並行する（ルカ1：46 - 55；6：20 - 26；16：19 - 31）．最初期の教会の信徒の多くは貧しかったが，その後次第にある程度の富を持った会員層が生じてきた教会史的状況を反映している．

＜参考文献＞

川村輝典「ヤコブの手紙」『総説新約聖書』日本基督教団出版局，1981年，
　404‐414頁．

同「ヤコブの手紙」『新共同訳新約聖書注解』391‐409頁．

辻学「ヤコブ二章における『誤れるパウロ主義』について」『神学研究』第38号
　（1991年）145‐164頁．

同『ヤコブの手紙』新教出版社，2002年．

同「ヤコブの手紙」『新版　総説新約聖書』日本基督教団出版局，2003年，
　362‐376頁．

Dibelius, M. *Der Brief des Jakobus.* ergänzt von H. Greeven. Göttingen：
　Vandenhoeck & Ruprecht, [11] 1964.

第12章　ヘブライ書

1．内容構成と書簡論的考察
　(1) 内容構成

序　言　1：1‑4　神の子キリスト論：神が御子を通して語る（世界の創
　　　　　　　　　　造，啓示の言葉）
本　文
　　　　①1：5‑14　神の子の天使に対する優越（天使の言葉＝律法⇔キリ
　　　　　　　　　　ストの言葉＝福音）
　　　　2：1‑18　救いの創始者，苦難を通して栄光へ，死によって死の
　　　　　　　　　支配者を滅ぼす
　　　　②3：1‑4：13　モーセに優る大祭司キリスト，御言葉への信仰を
　　　　　　　　　　通して安息に入る勧め
　　　　4：14‑5：10　御子の従順と救いの源（メルキゼデク系の祭司）
　　　　5：11‑6：12　信仰の訓練と忍耐，約束のものを受ける希望
　　　　③6：13‑7：28　メルキゼデク系の大祭司キリスト
　　　　8：1‑13　新しい契約に仕える大祭司
　　　　9：1‑10：18　地上の聖所と天上の聖所，新しい契約の仲介者，
　　　　　　　　　　律法は影
　　　　④10：19‑39　天上の聖所に近づく勧め
　　　　11：1‑40　信仰の証人たち
　　　　12：1‑29　信仰の道を走り抜く勧め
　　　　⑤13：1‑19　兄弟愛，倫理的生活，指導者への服従の勧め
結語部　13：20‑21　祝祷句
　　　　13：22‑24　挨拶
　　　　13：25　祝祷句

(2) 書簡論的考察

　ａ．新約書簡に通例の導入部（発信人，受信人，祝祷句）がなく，高度な
キリスト論を表明する序言がある（ヘブ1：1‐4）．これはヨハネ福音書（1：
1‐18）や，Ⅰヨハネ書（1：1‐4）の始まりの部分に近い．末尾に挨拶と祝祷
句があるが（13：22‐25），この部分はパウロ書簡の定型に一致している．し
かし，祝祷句は既にヘブ13：20‐21に存在しており，13：22‐25は後からこの
文書をパウロ書簡に似せるために付け加えられた可能性が強い．全体としてこ
の文書の書簡性は弱い．

　ｂ．文書の性格はパラクレーシス（勧告，励まし，慰め）である（ヘブ
13：22）．パラクレーシスは初期ユダヤ教と初期キリスト教の説教の一種であ
る（Ⅰマカ10：24；Ⅱマカ7：24；15：11；使13：15を参照）．キリスト論（神
の子，大祭司）は，パラクレーシスの根拠を与える機能を果たしている．尚，
文書によるパラクレーシスの例は，Ⅰマカ10：24に見られる．

２．執筆事情

　(1) ヘブライ書は外的迫害（ヘブ3：12‐4：16；6：11‐12；10：32‐
39；12：1‐13）と内的信仰の緩み（6：1‐8）という問題に直面する信徒たち
を，励まし，勧告する目的で書かれた文書である．実際になされた説教を後に
文書化し，書簡的な結びを付け加えて送付したと主張する説もあるが（川村輝
典），そのように断定するまでの確かな証拠は存在しない．

　(2) 一般的迫害の状況を前提にしていることと（ヘブ 3：12‐4：16；6：
11‐12；10：32‐39；12：1‐13），紀元90年代中葉にローマで書かれたⅠクレ
メンス書と内容的に並行することがあることから（Ⅰクレ36：1の大祭司キリス
ト論，さらには，Ⅰクレ61：3；36：2に出てくるキリストの天使への優越の主
題を参照），執筆時期は後90年代中葉と推定される．

　(3) 著者はヘレニズム・ユダヤ教の精神的遺産を継承するキリスト者であ
るが，異邦人信徒なのか，ユダヤ人信徒なのかは不明である．彼は，ギリシア
語を話し，ヘレニズム文化を身に着けている人物であり，聖書引用は基本的に
は七十人訳聖書から行っている．

　(4) 執筆場所について，アレクサンドリアの可能性が強い．アレクサンド
リアはヘレニズム文化の中心地である．この町には大きなユダヤ人居留地があ

るし，初期のキリスト教の中心地の一つでもあった．ヘブライ書が示すアレクサンドリアのフィロンの著作との用語的・思想的近さも，アレクサンドリア説の傍証となる．

3．文学的・神学的特色
（1）キリスト論
①　神の子キリスト論

ヘブライ書はその冒頭で神の御子キリストが，創造の仲介者であり，神の言葉の啓示者であることを述べる（ヘブ1：1‐4）．この高度なキリスト論は，ヨハネ福音書冒頭のプロローグに並行している（ヨハ1：1‐18を参照）．

ヘブライ書は，旧約聖書をキリスト論的視点から再解釈して，神の子キリストが天使に優ることを論証しようとする（ヘブ1：5‐2：18）．さらに，天使と異なり，キリストの地上の生活を送り，試練と苦難と死の運命を甘受したことは，試練の中にある者達を助け，死の恐怖の中にある者達を解放し，彼らの罪を贖うためであったと述べる（ヘブ2：10‐18；4：14‐16）．

②　大祭司キリスト論
ａ．モーセに優る大祭司

ヘブライ書によれば，神の御子キリストはモーセに優る大祭司である（ヘブ3：1‐6）．旧約聖書において，モーセは律法の媒介者であるという印象が強いが（出20‐24章；申5章；ヨハ1：18；ガラ3：19），神と民の間を仲介する祭司的職務も帯びていた（出33：7‐11；34：29‐35を参照）．キリストは地上の生活において罪を犯さなかったが，試練に遭ったのであるから，試練の中にある人間の弱さを顧み，助けを与えることが出来る大祭司である（4：14‐16；5：1‐10）

ｂ．メルキゼデクのような大祭司

地上の大祭司は，アロンの系統を引く家系の者から選ばれ，所定の任職の儀式を経て就任する（レビ6：1‐23；8：1‐36；民3：1‐10を参照）．イエス・キリストはアロンの家系に属さないので，系図による大祭司としての正統性の裏付けを持たないが，神の誓いの言葉によって祭司とされたメルキゼデクと同様な「永遠の祭司」の地位を持つ（ヘブ5：6，10；6：20；7：3，24，28；さ

らに，創14：17‐20；詩110：4；死海写本『メルキゼデク断片（11QMelk）』を参照）．キリストは今も天上の神殿で神の玉座近くあってとりなしをしている（ヘブ7：22‐24；9：1‐28；死海写本『安息日の犠牲の歌』を参照）．

他方，キリストは罪の赦しを与える新しい契約の仲介者である（ヘブ8：1‐13；9：1‐28；エレ31：31‐34）．キリストは罪を贖うただ一度の犠牲として御自身を捧げ，天の聖所で永遠の贖いを成就したのであるから，もはや旧約聖書が定める年毎の大贖罪日の贖いは必要がない（ヘブ9：15‐22）．モーセを通して与えられた古い契約は（出19‐24章「シナイ契約」），その規定と共に過ぎ去ったとヘブライ書の著者は宣言する（ヘブ8：13）．著者は，初代教会に遡る聖餐伝承の中にある新しい契約の概念を取り上げて（Iコリ11：23‐26；マコ14：22‐24を参照），大祭司キリスト論と結合させて独自の展開をしたのであった．

(2) 信仰論

ヘブライ書は希望としての信仰ということを強調している（ヘブ6：13‐20；11：1‐40）．信仰者の希望の根拠は，父祖アブラハムの場合と同様に，決して変わることのない神の約束への信仰である（ヘブ6：13‐20；11：8‐12, 17‐19；創12：1‐9；15：1‐21；22：16‐18を参照）．ヘブ11：1は，「信仰は望んでいることを確信することであり，目に見えないことを吟味することである」と述べる．旧約聖書が伝える信仰の先人達はすべて，まだ実現しない約束への信仰のうちに生涯を送ったのだった（ヘブ11：13）．このように信仰者の地上の生活は仮住まいであり，天の故郷を目指して旅する巡礼の旅に他ならない（11：13‐16）．信仰の先達達を列挙してその信仰を賞賛することは，ヘレニズム・ユダヤ教に由来するシラ書（ベン・シラの知恵）44‐49章にも見られるが，未来志向的な希望としての信仰を一貫して強調している点においてヘブライ書11章は独自である．

希望は魂を繋ぎ止める碇である（ヘブ6：19）．信徒達は，信仰と忍耐を通して約束を継ぐ人々に倣う者となるように勧められる（ヘブ6：11‐12）．ヘブライ書の著者は，一度回心してキリスト教信仰に入り，その後背教した者を，もう一度悔い改めさせることは出来ないとする（ヘブ6：1‐8；ヘルマスの牧者『戒め』4.1.8を参照）．それはキリストを再度十字架に付けることだからである（ヘブ6：4‐6）．

<参考文献>

川村輝典「ヘブル人への手紙」『総説新約聖書』日本基督教団出版局，1981年，
　377‐401頁.

同『新共同訳新約聖書注解』日本基督教団出版局，1991年，342‐390頁.

同『ヘブル書の研究』日本基督教団出版局，1993年.

笠原義久「ヘブライ人への手紙」『新版　総説新約聖書』日本基督教団出版局，
　2003年，342‐360頁.

B・リンダース（川村輝典訳）『ヘブル書の神学』新教出版社，2002年.

原口尚彰「ヘブル書における七十人訳の影響史」『ペディラヴィウム』第42号，
　1995年，1‐12頁.

同「死海写本『安息日の犠牲の歌』とヘブル書1－2章」『東北学院論集　教会
　と神學』第33号，2001年，117‐138頁.

第13章　黙示録

序　黙示文学について

　(1)　黙示録は世の終わりに天上と地上で起こる出来事について語っており，聖書の中でも最も不可思議なことを語る文書である．現代の一般の読者がこれを読むと，馴染みのない事柄が次々と出てくる奇妙な書物であるという印象を受ける．この書物を正しく理解するためには，読む前に読者の側である程度の準備することが必要となる．

　(2)　黙示録は，紀元前2世紀から紀元1世紀に流行した黙示文学の文学形式を用いて書かれている．「黙示（もくし）」とは，ギリシア語アポカリュプシス（ἀποκάλυψις）の訳であり，覆いを取って中身を示すイメージが根底にある．新約聖書で言う黙示とは，世の終わりに行う神の秘められた計画を啓示する（特別な形で明らかにする）ことを意味する．黙示文学とは，啓示された神の計画を，将来に起こるべきことについての物語の形で書き表した文書である．最初にこの文学形式を用いたのは初期ユダヤ教であり，ユダヤ教黙示文学の作品には，旧約聖書のダニエル書，外典の第四エズラ書，偽典のエチオピア語エノク書，死海文書の『戦いの書（1QM）』等がある．キリスト教黙示文学は，ユダヤ教黙示文学を継承し，キリスト教化したものであり，黙示録がその代表作である．新約聖書には文書全体が黙示文学であるとは言えなくても，一部に黙示文学的部分を含んだ文書が存在する．例えば，マルコ福音書の13章は一貫して世の終わりの出来事について語っており，小黙示録と呼ばれる．また，パウロ書簡ではＩテサ4：13‐18；5：1‐11；Ｉコリ15：20‐58が，黙示的記述である．

　(3)　黙示文学は天上の世界や，世の終わりにおける天使たちと悪魔の戦いや，地上での天変地異等を特異な視覚的イメージを通して描く．これは飽くまでも世の終わりという究極の未来に起こるべきことであるので，人間は誰も見たことがない世界である．従って，そこに描かれている世界は信仰に基づいた宗教的想像力の所産である．

　(4) 旧約聖書の預言も未来における神の業を語る面があり，黙示文学は預言の継承者であるとも言える（黙示録は自らを「預言の言葉」と呼んでいる［黙1：3；22：10を参照]）．しかし，両者の間には相違もある．預言が語る神が行う未来の裁きや救いが，国を滅ぼしたり，再建したりする歴史の中での出来事であるのに対して，黙示は世界の終わり，つまり，歴史の終わりにおける超自然的な出来事を取り扱う．また預言が基本的には，特定の預言者が同時代の人々に口頭で語った言葉が後に文書化されたものであるのに対して，黙示文学は初めから書かれた文書である（黙1：3；22：10は黙示録が読まれるべき書物であることを前提にしている）．しかも，黙示を受領してそれを書き記す者はしばしば歴史上の人物に仮託されており，真の著者は自らを明らかにしていない（匿名性）．

　(5) 黙示文学は現在の世界について大変否定的な見方をしており，現在の歴史世界は悪の力に支配されており，その中に救いの可能性はないと考えている．かくして，希望はすべて世の終わりの後に神の代理人メシアの手を通してもたらされる新しい世界にかかっている．言葉を換えて言うならば，不義と悪とに支配された現在の世界は，正義と善と平和に満たされた新しい世界によってとって代わられる．この古い世界から新しい世界に移行する過程では，メシアや天使ら，正義に仕える勢力と，悪魔や暴虐な人間たちなどの悪の勢力との間にしばしば宇宙大の戦闘が行われる．イスラエルの具体的歴史の中にその成就を見る預言に比べて，黙示の視野は全世界の運命にまで広がり，全宇宙の変容，更新まで語っているが，その反面，現実世界から離れて世の終わりの出来事について想像を巡らす思弁的側面を持っている．そのため，歴史を重んじる旧約聖書の研究者の中には，黙示文学を預言の堕落した形と見る者がいる程である．

　(6) 黙示文学の多くは，厳しい迫害下の世界に生まれている．例えば，黙示文学のダニエル書は，紀元前2世紀中葉，セレウコス朝シリアのアンティオコス4世の強引なヘレニズム政策によって引き起こされた，パレスチナにおけるユダヤ教迫害下に書かれた．現在の世界は悪の権化のような異邦人帝国によって支配され，ユダヤ教の宗教的伝統に忠実に歩む敬虔な人々は，迫害されて殉教しているが（Ⅰマカ1‐2章；Ⅱマカ7章を参照），最後には，神の使者による世界の審判が行われ，敬虔な善人は復活して永遠の命に入り，悪を行っ

ていた者たちは永遠の裁きに陥るという確信は（ダニ12：1-3），敬虔な信仰者たちに現在の世界を支配する政治勢力に対する思想的抵抗の根拠を与えた．黙示文学は抵抗文学の要素を持っている．

1．内容構成と書簡論的考察
　(1) 内容構成

序　　言　1：1-3　表題：ヨハネの黙示，神とキリストへの証言，読者の祝福
本　　文
　　第1部　1：4-3：22　七つの手紙
　　　　　　　1：4a　前書き（発信人ヨハネ，受信人小アジアの七つの教
　　　　　　　　　　会）
　　　　　　　1：4b-5a　祝祷
　　　　　　　1：5b-8　讃栄
　　　　　　　1：9-20　キリストの言葉を書き送る命令
　　　　　　　2：1-3：22　七つの教会への手紙
　　　　　　　　2：1-7　エフェソ教会への手紙
　　　　　　　　2：8-11　スミルナ教会への手紙
　　　　　　　　2：12-17　ペルガモン教会への手紙
　　　　　　　　2：18-29　ティアティラ教会への手紙
　　　　　　　　3：1-6　サルディス教会への手紙
　　　　　　　　3：7-13　フィラデルフィア教会への手紙
　　　　　　　　3：14-22　ラオディキア教会への手紙
　　第2部　4：1-22：5　黙示の内容
　　　　　　　4：1-11　天上の宮廷・神殿と礼拝
　　　　　　　5：1-8：5　巻物の七つの封印を解く
　　　　　　　8：6-11：19　七人の天使が七つのラッパを吹く
　　　　　　　12：1-13：18　天から落ちた竜と2匹の獣
　　　　　　　14：1-15：8　小羊による贖い，神の裁きの時の到来の告知
　　　　　　　16：1-18：24　大バビロン，大淫婦への裁き
　　　　　　　19：1-20：15　勝利の歌，小羊の婚礼，千年王国，最後の

　　　　　　　　　　審判
　　　　　21：1 - 22：5　新天新地の創造，新しいエルサレムの到来
結語部
　　　　22：6 - 21　真実の言葉
　　　　　22：6 - 17　天使の言葉（真実の預言の言葉，告知する務
　　　　　　　　　　　め，命の水への招き）
　　　　　22：18 - 21　作者の言葉
　　　　　　22：18 - 19　著作の言葉の変更への警告
　　　　　　22：20　主の到来の予告
　　　　　　22：21　祝祷

（2）書簡論的考察
　　a．黙示録は，冒頭に七つの教会へ宛てた書簡が置かれ（1：4 - 3：22），
その後に黙示の内容が続いている（4：1 - 22：17）．ヘレニズム・ユダヤ教の
歴史文学には，歴史記述に先立って書簡が置かれる例があるが（Ⅱマカ1：1 -
10a；1：10b - 18参照），黙示文学においてそのような例は他にない．ただ，
黙示文学の結びの部分に書簡が置かれる例は，シリア語のバルク黙示録に見ら
れる（シリ・バル78：1 - 87：1参照）．書簡は特定の人に宛てられており，黙
示文学が書簡と結びつくと，特定の人々を黙示の第1次的読者として措定する
ことになる．
　　b．「第1部 1：4 - 3：22七つの手紙」は，ヨハネから小アジアの七つの
教会に宛てられている書簡であると同時に（1：4），天上のキリスト（さらに
神と七つの霊）から，七つの教会の守護天使たちに宛てられた書簡という性格
も併せ持っている（1：17 - 20；2：1，8，12，18；3：1，7，14）．つまり，黙
1：4 - 3：22は，天来の書簡であると同時に人的書簡である．
　　c．書簡論的な視点から見ると，「1：4 前書き」（発信人ヨハネ，受信人小
アジアの七つの教会），「1：4b - 5a 祝祷」，「1：5b - 8 讃栄」，「1：9 - 20キリス
トの言葉を書き送る命令」の部分は，七つの教会への手紙全体に共通な書簡導
入部を形成している．前書き，祝祷・讃栄という導入部の構成は，新約書簡で
はパウロ型の書簡形式に近似する（フィレ1 - 2；Ⅰテサ1：1 - 2；フィリ1：
1 - 2；Ⅰコリ1：1 - 2；Ⅱコリ1：1 - 2；ロマ1：1 - 7参照）．しかし，「1：

9 - 20キリストの言葉を書き送る命令」の部分は，天上のキリストの顕現とヨハネへの職務の委託という性格を持ち，感謝の祈り（フィレ4 - 7；Ⅰテサ1：2 - 10；フィリ1：3 - 10；Ⅰコリ1：3 - 9；Ⅱコリ1：3 - 11；ロマ1：8 - 15）または神の讃美（Ⅱコリ1：3 - 11）を内容とする，パウロ書簡の慣例から大きく外れる．これは黙示文学の導入部に置かれた書簡という特殊性に由来すると考えられる．この部分は，読者に対してヨハネが七つの教会に宛てた手紙を書くに到った必然性を説明する働きをしている．さらに，2：1 - 3：22の部分は，七つの教会のそれぞれに宛てられた書簡の本文を構成している．

　これらの手紙の一つ一つには通常の手紙に見られる結びの部分がないが，黙示録全体を見ると，22：6 - 22：11が結びの部分を形成しており（22：6 - 21真実の言葉，22：6 - 17天使の言葉［真実の預言の言葉，告知する務め，命の水への招き］，22：18 - 21作者の言葉，22：18 - 19著作の言葉の変更への警告，22：10主の到来の予告，22：11祝祷），最後はパウロ書簡のように祝祷で終わっている（22：11）．従って，書簡形式は黙示録の初めの3章だけでなく，黙示録全体を包み込んでいると言える．

　　d．七つの手紙は，宛先の教会の状況に応じて性格が違い，書簡類型の点から言うと必ずしも同じ類型に属する訳ではない．エフェソ教会への手紙は（黙2：1 - 7），彼らが最初の頃の信仰と愛を思い起こし，心を入れ替えて当初のわざに立ち返ることを勧めているので（2：4 - 5），「勧告的書簡」の類型に属する（偽デメトリオス『書簡タイプ論』第11類型；偽リバニオス『書簡形式論』第1類型）．スミルナ教会への手紙は（2：8 - 11参照），迫害の苦難にあっても最後までキリストに対して忠実であることを勧める（2：10 - 11参照）「勧告的書簡」である（偽デメトリウス『書簡タイプ論』第11類型；偽リバニオス『書簡形式論』第1類型）．ペルガモン教会への手紙は（2：12 - 17），苦難の中で信仰を捨てなかったことを誉める「賞賛の書簡」であるが（偽デメトリオス『書簡タイプ論』第10類型；偽リバニオス『書簡形式論』第26類型），ニコライ宗に傾いた一部の信徒たちに対して悔い改めを勧める部分があり（2：15 - 16），「勧告的書簡」の要素も併せ持っている（偽デメトリオス『書簡タイプ論』第11類型；偽リバニオス『書簡形式論』第1類型）．ティアティラ教会への手紙は（2：18 - 29），女預言者のイザベルの教えから離れ，伝統的教えに堅く立つように勧める（2：20 - 25）「勧告的書簡」である．サルディス教会への

書簡は（3：1 - 6），この教会の信徒たちの信仰が弛緩し，「生きているとは名ばかり」の状態になっていることを指摘して，目を覚まし，心を改めることを迫る（3：1 - 3）「勧告的書簡」である（偽デメトリオス『書簡タイプ論』第11類型；偽リバニオス『書簡形式論』第1類型）．但し，苦難の中で信仰を捨てずに殉教した一部の人々を賞賛し，命の書に書かれた彼らの名前を決して消さないと約束する部分は（3：4 - 6），「賞賛の書簡」の要素を持っている（偽デメトリオス『書簡タイプ論』第10類型；偽リバニオス『書簡形式論』第26類型）．フィラデルフィア教会への手紙は（3：7 - 13），異端的な教えを奉じるグループの誘惑に打ち克ち（3：8），苦難の時にもイエスの言葉を捨てなかった人々を賞賛し（3：9），予想されるローマ帝国全体に及ぶ迫害の時にも彼らを守り，終末時に再びやって来ることと，天から新しいエルサレムが到来することを約束している（3：10 - 12）．これも基調は「賞賛の書簡」である（偽デメトリオス『書簡タイプ論』第10類型；偽リバニオス『書簡形式論』第26類型）．ラオディキア教会への手紙は（3：14 - 22），彼らの信仰が「熱くも冷たくもない」生温い状態である上に（3：15 - 16），経済的豊かさに自足している状態を詰り（3：17），自身の精神的貧しさに気付き，心を入れ替えて信仰に熱心になることを勧めている（3：18 - 19）．この書簡は，「勧告的書簡」の要素をある程度備えた（3：17 - 19），「叱責の書簡」である（偽デメトリオス『書簡タイプ論』第4類型；偽リバニオス『書簡形式論』第17類型）．

2．執筆事情

（1）黙示録は，紀元90年代の中葉に書かれたと推定されている．黙示録ではローマ皇帝が世界を支配し，猛威を振るう獣に喩えられている（黙13：1 - 10，11 - 18）．第1の獣は神を冒瀆し，神の民イスラエルと戦って屈服させた．また，第2の獣は先の獣が所有していたすべての権力を継承した上で，先の獣の像を拝むことを支配下の人々に強いた（13：12 - 15）．この記述は，ローマ皇帝ドミティアヌスが，皇帝礼拝を強要し，キリスト教迫害を行った時代に適合する．

（2）著者として仮託されているヨハネは，パトモス島で黙示を受領したとされている（1：9）．さらに，黙示録冒頭の七つの書簡はすべて，小アジアの大都市にある教会に宛てられている（2：1 - 3：22）．この作品全体は，小アジ

アの都市の一つにおいて書かれたのであろう.

　(3) 著者として仮託されているヨハネが, ゼベダイの子ヨハネなのか（マコ 1：29並行；3：17並行；5：37並行；13：3並行；14：33並行；使1：13；3：1, 3, 4, 11；5：37), それとも別の人物のことなのかは不明である. いずれにしても, この作品の真の著者は, この作品の成立年代からして, 使徒ヨハネではなく, 小アジアの都市に住む教会指導者の一人であろう.

　(4) 読者として想定されている人々は, 迫害の下にある, 小アジアの諸都市にある教会に属する信徒たちであろう.

　3. 文学的・思想的特色
　(1) 天上の宮廷・神殿での礼拝の様を描くことは（黙4：1‐5：14), 旧約聖書の預言に遡る（イザ6：1‐13；エゼ1：4‐28). このイメージがユダヤ教黙示文学に継承され発展した（死海写本『安息日の犠牲の歌』を見よ). 黙示録は天上の宮廷に, 神の小羊であるキリストや（黙5：6‐14；6：1, 3, 5, 7, 9, 12；12：11；13：8；14：1‐5；19：5‐8；さらに, ヨハ1：29を参照), 召天した信徒である24人の長老や（黙4：4；7：11；14：3；19：4), 白い衣を着た殉教者の群を（7：9‐17) 登場させることによってキリスト教化している.

　(2) 黙示録は発達した天使論を示す. 天上の宮廷・神殿での礼拝において, 天使達の群衆は神を讃美している（黙5：11‐12；7：12；16：5‐7；さらに, ルカ2：13を参照). 天使は神と人間の間をとりもって, 神の告知を人間に伝える役割を果たす（黙1：1；5：2, 11；19：9, 17；また, マタ1：22, 24；2：13, 19；ルカ1：11, 13, 18, 19, 26, 28；2：9, 10も参照). さらに, 天使は神の意志の執行者として地上に裁きを行う（黙8：1‐11：19；14：14‐18：24；20：1‐3). 特に大天使のミカエルは他の天使たちを従えて, 天上で悪魔の化身である竜とその手下たちと戦ってうち破り, 地上に追い落としている（黙12：7‐12). 大天使ミカエルは, ダニエル書でも終末の救いをもたらす決定的役割を与えられている（ダニ12：1‐3). また, 死海文書の『戦いの書(1QM)』では, 終末時に光の子らと, 悪魔的存在であるベリアルに率いられた闇の子らとの宇宙的戦いが描かれている.

　(3) 黙示録は, 地中海世界全体を支配するローマ帝国の権力を獣に喩えて

いる（黙13：1‐10, 11‐18；13：12‐15）．これはアレクサンドロスの帝国や
その後継者たちの帝国を獣に喩えたダニエル書の影響であろう（ダニ7：1‐
14を参照）．新約聖書は当時の支配権力であるローマ帝国に対して必ずしも敵
対的ではない．例えば，使徒パウロはローマの権力を，神によって治安維持の
ために立てられた「上に立つ権威」として理解し，信徒たちに服従を勧めてい
る（ロマ13：1‐7）．しかし，ローマ帝国が託された治安維持という委託を越
えて，権力を濫用すると，傲り高ぶって市民たちを収奪し，神を冒瀆して信徒
たちを迫害する「獣」と化する（黙13：1‐10, 11‐18）．黙示録が書かれたの
は，ローマ帝国が，キリスト教に対する寛容さを失い，迫害を加えた時に当た
っていた．

　　（4）ローマはさらに裁かるべき「大淫婦」（黙17：1‐18），堕落の限りを
尽くす「大バビロン」（17：5；18：2, 10, 21）と呼ばれ，徹頭徹尾否定的に
描かれている．栄華を誇り，贅を尽くし，信徒たちの血を流した「大バビロ
ン」であるローマに対して，世の終わりの裁きが下り，ローマは滅びることが
天使によって宣告され（18：1‐24），天上では勝利の祝いがなされる（19：
1‐4）．終末における運命の逆転が語られ，現在は苦難の中にある信徒たち
は，神の小羊であるキリストの最終的勝利に参与する（17：13‐14）．かくし
て，信徒たちの苦難と忍耐は終末時の審判の時に報われることになる．これは
迫害の中で苦しんでいる信徒たちには希望を与え，苦難に耐える力を与えるこ
とになる．宗教的観念が支配権力に対する報復を先取りし，苦難に対する心理
的代償を与えるのである．

　　（5）旧約聖書の預言は，神が来たらせる将来の理想状態を詩的なイメージ
で描く（例えば，イザ2：1‐5；11：1‐10；エゼ43：1‐47：12）．黙示文学
は歴史を越えた彼方に，理想状態を待望する．黙示録は，最終的救いは現在の
世界の中にはなく，世の終わりに到来する新天新地の中にあると主張する（黙
21：1‐8；さらに，イザ66：22を参照）．それは，神が直接に人間と共に住む
世界であり，「もはや死はなく，もはや悲しみも嘆きも労苦もない」（黙21：
4）．これは，旧約聖書の冒頭にある天地の創造の記事を踏まえ（創1：1‐2：
4a；2：4b‐25），世の終わりにおける神の世界の再創造，世界の更新につい
て語っている．聖書は天地の創造を語る創世記で始まり，新天新地の創造を語
る黙示録で終わる．

(6) ユダヤの都エルサレムとその中心にあった神殿は，紀元66－70年のユダヤ戦争で破壊されていた．黙示録は，新天新地の創造に当たって，エルサレムも復興することを待ち望んでいる．終わりの時には，「エルサレムが，夫のために着飾った花嫁のように用意を整えて，神のもとを離れ，天から下ってくる」とする（21：2, 10）．新しいエルサレムの中央に神と小羊キリストが住むため，もはや神殿はなく，神の光が照らすので，もはや夜はない（21：22－22：5）．神と小羊の玉座からは命の水が流れ出て都を潤している（22：1－2,17）．命の水の川の畔には命の木があって毎月実を稔らせている（22：2）．これは，創世記のエデンの園から川が流れ出て，世界を潤しているイメージを新天新地のエルサレムに当て嵌めたものである（創2：10－14を参照）．

　預言書のエゼキエル書は，エルサレムが廃墟の状態にあったバビロン捕囚期の中で，理想の神殿の再建を預言した（エゼ43：1－47：12）．この理想の神殿からも水が沸き出して，世界を潤している（エゼ47：1－12）．黙示録にはエゼキエルの預言の影響も明らかに見られる．

<参考文献>

中村和夫「ヨハネの黙示録」荒井献他『総説新約聖書』日本基督教団出版局，
　　1981年，448－470頁．
小河陽「ヨハネの黙示録」『新版　総説新約聖書』日本基督教団出版局，2003
　　年，420－439頁．
佐竹明『ヨハネの黙示録』上下2巻，新教出版社，1978－89年．
原口尚彰「死海写本『安息日の犠牲の歌』の天使論」『オリエント』第41集第2
　　号（1998年）65－77頁．
同「黙示録1：4－3：22の書簡論的考察：両義性の文学的効果」『基督教論集』
　　第46号（2003年）25－40頁．
R・ボウカム（飯郷友康・小河陽訳）『ヨハネの黙示録の神学』新教出版社，
　　2002年．

あとがき

　冒頭の序文に記したように，本書は新約聖書と新約聖書学への導入を図るために書かれた概説書である．本書を読めば，新約聖書がどのような内容の書物であり，新約聖書学がそれをどう解釈しているかについて，一応の知識を得られることになる．様々な個々の問題についてさらに理解を深めたい場合は，参考書や個別研究を参照することが勧められる．本書は新約聖書研究の入り口を提示し，より深い学習への招きを与えているのである．また，概説書に求められるのは，予備知識がない者でも容易く理解出来るために，簡にして要を得ていることであると思う．本書を執筆する際にも，簡潔性と明晰性を念頭に置きながら筆を進めたが，本書が果たして本当にこの2点について成功しているかどうかは，読者の判断に待ちたい．学説を網羅的に紹介し，詳しく吟味しながら著者の判断を示すスタイルのW・G・キュンメルやU・シュネッレらによって書かれたドイツの新約緒論の行き方とは，本書は方向を全く異にしている．ドイツ式の詳細な緒論は，修士課程以上の新約学専攻の学生にとっては，良い発展学習の資料を提供するが，学部の初学者には使いこなすのが困難であると判断されるからである．

　本書を書き終えて気が付いたのは，物語批評や修辞学的批評については，少しずつ日本語で書かれた研究書が出てきているが，古代書簡論に基づいた書簡論的考察については，本格的な研究書がまだ日本には存在しないことである．書簡文学について，古代書簡論の視点からの分析が有効であることについて，ここ20年程前から，世界の新約学研究者の間で認識が深まり，英語やドイツ語では優れた研究書が出版されてきたが，まだ日本の新約研究には十分に反映されていないのである．本書の中でも書簡文学の解説のところでは，書簡論的考察を必ず与えることにしたが，概説書という性格から，詳しい分析を提示することができず，結論を簡単に述べるに留まっている．新約書簡の書簡論的分析については，別にモノグラフの形にまとめてみたいと考えている．

　最後に，本書の出版に際しては，本書の企画を快く引き受けて下さった渡部満出版部長や，迅速に実務を行って下さった森島和子氏を始め，教文館のスタ

ッフには大変世話になった．この場を借りて，謝意を表したい．また，論文執筆や学会発表を通しての他の新約研究者との対話や，聖和大学と東北学院大学において新約聖書緒論を長年にわたり講義して来たことが，本書の基礎を形成している．本書は真空の中から生まれたのでなく，学問研究と教育の具体的実践の場から生まれたのである．新約学研究の同僚諸氏や，神学生の人々に深く感謝する次第である．また，本書において著者は新約諸文書が具体的な教会の伝道・牧会の対話の場から生まれる過程を浮き彫りにしようと努めた．伝道・牧会の任にあたっている伝道者の人々が，新約聖書を読む際の一つの参考になれば幸いである．

◆**筆者紹介**

原口尚彰（はらぐち・たかあき）
1977年3月　東京大学法学部卒業
1979年3月　日本ルーテル神学大学卒業
1982年3月　同神学校卒業
1982年4月より5年間　日本福音ルーテル神戸東教会の牧師として働く
1991年6月　シカゴ・ルーテル神学校より神学博士号（D.Th.）取得
1994年11月　日本基督教団に教師転入（正教師）
1996年4月より2000年3月迄　聖和大学人文学部助教授（新約聖書学担当）
2000年4月より　東北学院学院大学文学部教授（新約聖書学担当）

著書『パウロの宣教』教文館，1998年
　　『アエラ・ムック　新約聖書がわかる』朝日新聞社，1998年（共著）
　　『聖書の世界への招待』キリスト新聞社，2002年
　　『地球市民とキリスト教』キリスト新聞社，2003年
　　『ガラテヤ人への手紙』新教出版社，2004年
　　その他新約学関係の論文多数
訳書『ギリシア語新約聖書釈義事典』第Ⅲ巻，教文館，1995年（共訳）
　　U・ルツ『マタイの神学』教文館，1996年
　　P・シュトゥールマッハー『聖書神学をどう行うのか？』教文館，1999年
　　　　　　　　　　　　　　　　（2004年3月17日初版刊行時現在）

新約聖書概説
（オンデマンド版）

Digital
Publishing

2019年6月10日　発行

著　者　　原口尚彰
発行者　　渡部　満
発行所　　株式会社 教文館
　　　　　〒104-0061　東京都中央区銀座4-5-1
　　　　　TEL 03(3561)5549　FAX 03(5250)5107
　　　　　URL http://www.kyobunkwan.co.jp/publishing/

印刷・製本　株式会社 デジタルパブリッシングサービス
　　　　　URL https://www.d-pub.co.jp/

配給元　　日キ販
　　　　　〒162-0814　東京都新宿区新小川町9-1
　　　　　TEL 03(3260)5670　FAX 03(3260)5637
　　　　　　　　　　　　　　　　　　　　　　AK490